L'ÉGLISE DE FRANCE

INJUSTEMENT FLÉTRIE

Dans un Ouvrage ayant pour titre : INSTITUTIONS LITURGIQUES, *par le R. P.* Dom Prosper Guéranger, *Abbé de Solesmes;*

PAR M.GR L'ARCHEVÊQUE DE TOULOUSE.

Deuxième Édition.

A TOULOUSE,
CHEZ DELSOL ET COMP.E, Imprimeurs-Libraires,
rue Temponières, 10.

PARIS,	LYON,
PÉRISSE frères, Libraires,	PÉRISSE frères, Impr.-Libr.
rue du Pot-de-Fer-St-Sulpice, 8	rue Mercière, 33.

5 OCTOBRE 1843.

L'ÉGLISE

DE FRANCE

INJUSTEMENT FLÉTRIE

Dans un Ouvrage ayant pour titre : INSTITUTIONS LITURGIQUES, *par le R. P.* Dom Prosper Guéranger, *Abbé de Solesmes ;*

PAR M.GR L'ARCHEVÊQUE DE TOULOUSE.

Deuxième Edition.

A TOULOUSE,

CHEZ DELSOL ET COMP.e, Imprimeurs-Libraires, rue Temponières, 10.

PARIS, PÉRISSE frères, Libraires, rue du Pot-de-Fer-St-Sulpice, 8.

LYON, PÉRISSE frères, Impr.-Libr. rue Mercière, 33.

5 OCTOBRE 1843.

DÉCLARATIONS.

Il est affligeant de voir des hommes de talent, et quelquefois de piété, se laisser entraîner par un zèle ardent, mais peu éclairé, à des excès graves, tels que ceux que je dois relever dans l'écrit de l'Abbé de Solesmes. Je ne considère nullement ici sa personne : je ne le connais pas. D'ailleurs, Dieu seul pénètre dans le cœur de l'homme ; je ne m'occuperai que de l'ouvrage, et non de l'auteur. Je prie ceux qui me liront, de ne pas perdre de vue cette déclaration.

Il en est une autre plus importante à

faire. Je déclare qu'enfant docile de l'Eglise Romaine, inébranlablement attaché à sa foi, je condamne, rejette et rétracte d'avance tout ce qu'il pourrait y avoir dans cet écrit de contraire à son enseignement.

RÉFLEXIONS

PRÉLIMINAIRES

SUR DEUX DOCUMENTS QUI ONT ÉTÉ PUBLIÉS DEPUIS LA PREMIÈRE ÉDITION DE CET ÉCRIT.

A peine cet opuscule avait-il paru, que j'ai lu dans les feuilles publiques deux pièces d'une haute importance, où l'on semble avoir voulu confirmer ce que j'ai dit, et sur la liturgie en général, et à la gloire de l'Eglise de France. La première pièce est émanée de la plus grande autorité qui soit dans l'Eglise ; c'est le Bref de S.S. Grégoire XVI à Mgr. l'Archevêque de Reims, en date du 6 août 1842. La deuxième est le discours prononcé cette année à Rome, à l'ouverture solennelle de l'Académie de la *Religion catholique*, par S. E. le Cardinal Pacca, Doyen du sacré Collége, homme non moins éminent par sa vieille expérience, et par la connaissance qu'il a de l'état de la religion dans les diverses parties du globe, que par sa foi, son courage, sa longue captivité, et sa haute dignité ecclésiastique.

Examinons d'abord le Bref; en voici le texte original :

Venerabili Fratri Thomæ Gousset, Archiepiscopo Remensi.

GREGORIUS PP. XVI.

Venerabilis Frater, salutem et apostolicam benedictionem.

Studium pio prudentique Antistite planè dignum recognovimus in binis illis tuis litteris, quibus apud nos quereris varietatem librorum liturgicorum, quæ in multas Galliarum Ecclesias inducta est; et à novâ præsertim circumscriptione Diœcesium, novis porrò non sine fidelium offensione auctibus crevit. Nobis quidem idipsum tecum unà dolentibus nihil optabilius foret, Venerabilis Frater, quàm ut servarentur ubiquè apud vos constitutiones S. Pii V, immortalis memoriæ decessoris nostri, qui et Breviario et Missali in usum Ecclesiarum Romani ritûs, ad mentem Tridentini Concilii (Sess. xxv), emendatiùs editis, eos tantùm ab obligatione eorum recipiendorum exceptos voluit, qui à bis centum saltem annis uti consuevissent Breviario aut Missali ab illis diverso; ita videlicet, ut ipsi non quidem commutare iterùm atque iterùm arbitrio suo libros hujusmodi, sed quibus utebantur, si vellent, retinere possent (Constit. *Quod à nobis*, vii idus julii 1568, et Constit. *Quo primùm*, pridiè idus julii 1570). Ita igitur in votis esset, Venerabilis Frater, verùm tu quoque probè intelligis quàm difficile arduumque opus sit morem illum convellere, ubi longo apud vos temporis cursu inolevit : atque hinc nobis, graviora indè dissidia reformidantibus, abstinendum in præsens visum est nedùm à re pleniùs urgendâ, sed etiam à peculiaribus ad dubia quæ proposueras, responsionibus edendis. Cæterùm cùm quidam ex regno isto, Venerabilis Frater, prudentissimâ ratione idoneâque occasione utens, diversos, quos in Ecclesiâ suâ invenerat, liturgicos libros nuper sustulerit, suumque Clerum universum ad Romanæ Ecclesiæ instituta ex integro revocaverit, nos prosecuti illum sumus meritis laudum præconiis, ac juxta ejus petita perlibenter concessimus indultum officii votivi pluribus per annum diebus, quo nimirùm clerus ille benè cæteroquin in animarum curâ laborans, minùs sæpè obstringeretur ad longiora in Breviario Romano feriarum quarumdam officia persolvenda. Confidimus equidem, Deo benedicente, futurum ut alii deinceps atque alii Galliarum Antistites memorati Episcopi exemplum sequantur; præsertìm verò ut periculosissima illa libros liturgicos commutandi facilitas istic penitùs cesset. Intereà tuum hâc in re zelum etiam atque etiam commendantes, à Deo supplices petimus, ut te uberioribus in dies augeat suæ gratiæ donis, et in parte istâ suæ vineæ tuis rigatæ sudoribus justitiæ fruges amplificet. Deniquè superni hujus præsidii auspicem, nostræque pignus præcipuæ benevolentiæ apostolicam benedictionem tibi, Venerabilis Frater, et omnibus Ecclesiæ tuæ clericis laicisque fidelibus peramantèr impertimur. Datum Romæ, apud sanctam Mariam Majorem, die sextâ Augusti, anni millesimi octingentesimi quadragesimi secundi, pontificatûs nostri anno duodecimo.

En donnant la traduction de ce Bref, nous montrerons en peu de mots qu'il n'y a rien qui ne soit au moins implicitement dans notre écrit; comme on pourra s'assurer, par la lecture de notre écrit, qu'il ne renferme rien qui soit contraire au Bref.

« A notre vénérable Frère Thomas GOUSSET, » Archevêque de Reims, GRÉGOIRE XVI Pape.

» VÉNÉRABLE FRÈRE, salut et bénédiction apos- » tolique.

» Nous avons reconnu le zèle d'un pieux et prudent » Archevêque dans les deux lettres que vous nous avez » adressées, renfermant vos plaintes au sujet de la va- » riété des livres liturgiques qui s'est introduite dans » un grand nombre d'Eglises de France, et qui s'est » accrue depuis la nouvelle circonscription des Diocèses, » de manière à offenser les fidèles. Assurément nous » déplorons comme vous, Vénérable Frère, ce malheur, » et rien ne nous semblerait plus désirable que de voir » observer partout chez vous les constitutions de saint » Pie V, notre prédécesseur d'immortelle mémoire, qui » ne voulut excepter de l'obligation de recevoir le Bré- » viaire et le Missel corrigés et publiés à l'usage des » Eglises du rit romain, suivant l'intention du Concile » de Trente (Sess. XXV), que ceux qui, depuis deux » cents ans, au moins, avaient coutume d'user d'un » Bréviaire et d'un Missel différents de ceux-ci, de » façon toutefois qu'il ne leur fût pas permis de changer » et remanier à leur volonté ces livres particuliers; » mais seulement de les conserver, si bon leur sem- » blait (Const. *Quod à nobis*, VII idus julii 1568, et » Const. *Quo primùm*, pridiè idus julii 1570). Tel » serait donc aussi notre désir, Vénérable Frère. »

Ce sentiment du souverain Pontife, qui déplore *l'extrême variété des livres liturgiques introduits en France, surtout depuis la nouvelle circonscription des Diocèses, et qui regrette que nous n'ayons pas* CONSERVÉ PLUS D'UNITÉ ; je l'ai exprimé moi-même d'une manière bien positive dès la première page de mon écrit. *Que Dom Guéranger, ai-je dit, eût exprimé le désir de voir l'unité de Liturgie établie, s'il était possible, dans toute l'Eglise catholique, au moins dans l'Eglise d'Occident; qu'il eût exposé avec la chaleur qui lui est propre les avantages de cette unité, nous aurions approuvé un désir si raisonnable et si orthodoxe.*

Je n'ai point parlé, il est vrai, des Bulles de saint Pie V ; mais Sa Sainteté n'en fait mention que comme d'un moyen pour arriver à l'unité, et si je n'en ai rien dit, c'est que je ne voulais soulever aucune question de droit.

En exprimant moi-même le désir de voir l'unité liturgique établie dans toute l'Eglise, j'ai ajouté, *s'il était possible.* Le Saint Père ne fait que développer cette pensée, lorsqu'il dit à Mgr. l'Archevêque de Reims :

« Mais vous comprendrez parfaitement combien c'est » une chose difficile et embarrassante de déraciner cette » coutume implantée dans votre pays depuis un temps » déjà long. »

On voit bien ici, et dans ce qui va suivre, la sagesse du Saint-Siége et la douceur du Gouvernement ecclésiastique.

Le Saint Père a poussé encore plus loin la prudence : il s'est même abstenu de répondre à certaines questions qui lui étaient proposées par Mgr. l'Archevêque de Reims, à raison des inconvénients qui en seraient la suite.

« C'est pourquoi, continue le Pape, redoutant les » graves dissensions qui pourraient s'ensuivre, nous » avons cru devoir, pour le présent, nous abstenir, » non-seulement de presser la chose d'une manière » absolue, mais même de donner des réponses détaillées » aux questions que vous nous avez proposées. »

Aussi, bien convaincu de cette haute sagesse et de cette indulgence du Saint-Siége, s'il arrivait que certains esprits qui ne voient ni aussi clair, ni aussi loin que le Vicaire de Jésus-Christ, fissent des efforts pour obtenir que, par un acte de son autorité suprême, il proscrivît la Liturgie propre à un grand nombre de Diocèses de France, nous recourrions nous-mêmes avec une pleine confiance à Sa Sainteté, pour qu'elle daignât accorder à nos Eglises, en faveur de leur Liturgie, le privilége qu'ont obtenu jadis certaines Eglises d'Espagne et d'Italie, pour le rit Mozarabique et le rit Ambrosien.

Dans ce cas, nous n'appuierions pas notre demande sur la crainte des dissensions qui pourraient résulter de la proscription des Liturgies auxquelles nous sommes attachés; nous laisserions à Sa Sainteté le soin d'apprécier ce motif. Pour nous, nous commencerions au contraire par protester de notre soumission sans réserve aux ordres qu'il plairait à Sa Sainteté de donner, après quoi nous nous permettrions de lui présenter des considérations encore plus importantes aux yeux de l'épiscopat français : elles seraient tirées de l'honneur même et de la gloire de l'Eglise Romaine. Continuons à rapporter le Bref de Grégoire XVI.

« Au reste, tout récemment un de nos vénérables

» frères du même royaume, profitant avec une rare » prudence d'une occasion favorable, ayant supprimé » les divers livres liturgiques qu'il avait trouvés dans » son Eglise, et ramené tout son Clergé à la pratique » universelle des usages de l'Eglise Romaine, nous lui » avons décerné les éloges qu'il mérite, et suivant sa » demande, nous lui avons accordé bien volontiers » l'indult d'un office votif pour plusieurs jours de » l'année ; afin que le Clergé, livré avec zèle aux fati- » gues qu'exige le soin des âmes, se trouvât moins » souvent astreint aux offices de certains jours de fé- » ries, qui sont les plus longs dans le Bréviaire ro- » main. »

Ceci confirme ce que nous avons dit sur la difficulté de conserver une unité parfaite dans la Liturgie de toutes les Eglises. Il y aurait peut-être un moyen d'y mettre quelque unité, d'en assurer l'orthodoxie et de lui donner une stabilité convenable. Ce serait de mettre en vigueur la règle du onzième Concile de Tolède, lequel ordonne que dans toutes les Eglises de chaque province ecclésiastique, les Offices publics, Vêpres, Matines, la Messe, soient célébrés suivant l'usage de l'Eglise métropolitaine : *Uniuscujusque provinciæ Pontifices, Rectoresque Ecclesiarum, unum eumdemque in psallendo teneant modum, quem in metropolitanâ Sede cognoverint institutum, nec aliquâ diversitate cujuscumque ordinis, vel officii, à metropolitanâ se patiantur Sede disjungi..... Abbatibus sanè indultis officiis quæ juxtà voluntatem sui Episcopi regulariter illis implenda sunt, cætera officia publica, id est, Vesperas, Matutinum sive*

Missam aliter quàm in principali Ecclesiâ, celebrare non liceat (1).

Ce n'est pas que ce moyen n'offre encore bien des difficultés ; nous le savons par expérience. Aussi ne devons-nous pas être étonnés de ce que dit le savant Mabillon, que la variété des rits dans les diverses Eglises est aussi ancienne que les rits eux-mêmes : *Eadem fermè est sacrorum rituum atque religionis antiquitas ; sed eorum diversitas æquè antiqua in diversis Ecclesiis* (2).

« Nous avons même la confiance, continue le Bref, » que, par la bénédiction de Dieu, les autres Evêques » de France suivront tour à tour l'exemple de leur » collègue, principalement dans le but d'arrêter cette » très-périlleuse facilité de changer les livres litur- » giques. »

N'avons-nous pas énoncé absolument la même pensée dans ces termes : *Nous aurions été également d'accord avec lui* (avec Dom Guéranger) *sur ce principe, que la Liturgie doit être stable, qu'il est nuisible à la piété, et même dangereux pour la foi, d'y apporter sans cesse des changements* (3) ? Pouvions-nous désirer une plus grande conformité entre les principes avancés dans notre écrit et le bref de Sa Sainteté ? Le bref se termine ainsi :

« En attendant, remplis de la plus grande estime

(1) *Sacrosancta Concilia generalia Phil. Labbæi et Gabr. Cossartii*, cap. 3, tom. 6, col. 546, D.

(2) *Musæi Italici*, t. 2, p. cxlj.

(3) Ci-après, pag. 1 et 2.

» pour votre zèle sur cette matière, nous adressons nos » supplications à Dieu ; afin qu'il vous comble des » plus riches dons de sa grâce, et qu'il multiplie les » fruits de justice dans la portion de la vigne que vous » arrosez de vos sueurs. Enfin, comme présage du » secours d'en haut, et comme gage de notre particu- » lière bienveillance, nous vous accordons avec affec- » tion, pour vous, Vénérable Frère, et pour tous les » fidèles, clercs et laïques de votre Eglise, la béné- » diction apostolique. Donné à Rome, à Sainte-Marie- » Majeure, le 6.e jour d'août de l'an 1842, douzième » de notre Pontificat. »

EXTRAITS

Du Discours de S. Em. le Cardinal PACCA, *Doyen du sacré Collége.*

Le discours du Cardinal Pacca, en ce qui concerne l'Eglise de France, est au fond, je ne crains pas de l'avancer, et on va le voir, comme l'analyse de ce que j'ai dit pour la défense de cette illustre Eglise.

Après avoir parlé de l'état des Eglises de l'Allemagne, et des *rayons de lumière et d'espérance* qu'on y voit *sortir du sein même des ténébreuses doctrines de l'erreur*, Son Eminence en vient à la France, et s'exprime ainsi :

« La France nous offre dans l'avenir un horizon » plus consolant encore. Dès les premiers siècles du » Christianisme, les Eglises des Gaules se distinguaient

» par leur attachement et leur dévouement filial à la » chaire de Pierre. Dès lors elles combattirent avec » un zèle ardent toutes les hérésies naissantes. Pendant de longs siècles, on vit se perpétuer cette union » étroite avec l'Eglise mère de Rome ; et ces Eglises, » ces filles dévouées par leur fidélité, méritèrent une » glorieuse illustration.

» Aux jours malheureux du XVI.e siècle, où s'échappèrent des portes de l'enfer, pour inonder l'Europe, » les sectes de Luther, de Zwingle et de Calvin, la » Sorbonne, à la tête de toutes les autres universités, » se leva tout à coup pour défendre les pures et antiques doctrines de l'Eglise, avec toute la vivacité et » l'ardeur qui caractérisent la nation française.

» Tout le monde sait les généreux efforts des Églises » de France au siècle suivant pour combattre et renverser l'hydre du jansénisme. »

Qu'on lise maintenant ce que nous disons sur le même sujet, depuis la page 10 jusqu'à la page 16, et l'on verra si ce que nous venons de citer du discours du Cardinal Pacca, n'est pas le résumé de ce que nous avons dit nous-même.

Nous ne tairons pas ce qui suit dans ce beau discours.

« Mais dans ce siècle aussi, et précisément dans » l'année 1682, de tristes nuages vinrent éclipser, en » partie, l'antique splendeur et la gloire de ces Églises. »

Pourquoi, en effet, tairions-nous cette exception mise par l'éminent orateur à l'éloge de la France? Avons-nous craint de parler nous-même de ces *tristes nuages* (1), de *cette malheureuse mésintelligence entre le chef de l'Église et le chef de l'État?* La seule différence entre Son Éminence et nous, c'est que le savant Cardinal, par une réserve digne de sa haute sagesse, s'est abstenu de nommer *la déclaration du Clergé de France*; tandis qu'abordant franchement la question, nous l'avons appelée, *la fameuse et malheureuse déclaration.... Oui, malheureuse*, avons-nous dit, *car elle refroidit l'affection de l'Église Romaine pour l'Église de France, résultat déchirant pour des cœurs catholiques; et elle fournit dans la suite des armes et des prétextes aux ennemis de la foi* (2).

Après avoir fait mention, à regret, et en si peu de mots, de ces *tristes nuages*, l'illustre Cardinal se hâte de reprendre l'éloge de nos Églises.

« Cependant, cette obscurité ne fut pas longue, et » se dissipa bientôt. »

Si Son Eminence ne parle pas ici de la persécution soufferte si courageusement par le Clergé de France, de la part de la haute magistrature, pendant une grande partie du XVIII.e siècle, c'est que, dans un discours qui embrasse l'histoire de toutes les Églises du monde, il est impossible de tout dire; et, en effet, l'éloquent orateur ne pouvait s'occuper des détails où je suis entré sur l'histoire de ce court espace de temps. Sa pensée a dû se porter d'abord sur la catastrophe épouvantable

(1) Page 16-21.

(2) Page 17.

qui remplit la fin de ce même siècle, et sur la persécution qui en fut la suite, et qui mérita au Clergé de France une immortelle gloire. Écoutons.

« Une révolution terrible vint éclater dans ce » royaume, apportant ses affreuses conséquences, et, » entre autres, celle qui ne manque jamais, la persé- » cution contre l'Église. Alors l'illustre Clergé français » comprit ce que celui des autres pays ne comprend pas » toujours, que le corps épiscopal et le Clergé d'une na- » tion, étroitement liés et attachés à la chaire de saint » Pierre, forment une phalange impénétrable à toutes » les attaques de la fausse politique et de l'impiété phi- » losophique liguées contre elle. Il reprit son antique » courage et son dévouement filial pour le Saint-Siége, » et depuis cette époque, il s'est montré de nouveau, » par ses œuvres, par ses écrits et par son zèle pour » propager la foi, le fils le plus affectueux et le plus » soumis de la sainte Église Romaine. »

N'est-ce pas bien là, en deux mots, ce que j'ai dit sur la conduite du Clergé de France durant cette terrible persécution (1)?

Tel est l'hommage que l'illustre Cardinal, parlant à Rome, dans une savante Académie, rend au Clergé français. Y est-il question, le moins du monde, de ce *jansénisme*, qu'on a osé appeler le *protestantisme de* la France, le *seul qui ait pu se faire adopter dans ce pays* (2)? Le savant Cardinal a-t-il seulement pensé à

(1) Page 25-27, 31.

(2) Page 31.

cette hérésie anti-liturgique, qui renferme toutes les hérésies, qui est la source de tous les maux, l'exclusion de tous les biens, et que l'on a présentée comme propre et particulière à notre patrie (1)?

Son Eminence ne s'arrête pas là; on dirait qu'il se complaît dans l'éloge qu'il fait de nos Eglises.

« Il est vrai, dit-il, que ce royaume compte encore » de nombreux ennemis de la Religion, et que ses » Eglises ne jouissent pas assurément d'une tranquillité » parfaite; mais pouvait-il en être autrement?

» Lorsque la mer a été soulevée violemment, l'agi- » tation des flots ne cesse pas tout à coup, et ce n'est » que lentement et par degrés que les eaux reprennent » leur premier calme. La Religion et l'Eglise se voient » encore attaquées de tous côtés par une foule d'enne- » mis, et tandis que les partisans des doctrines irréli- » gieuses de Voltaire et des autres philosophes du » XVIII.ᵉ siècle, s'efforcent sans cesse de séduire toutes » les classes, en répandant à vil prix des livres infectés » d'un déisme sans pudeur, on voit aussi les Socié- » tés Bibliques semer avec profusion des textes qu'elles » ont altérés et falsifiés, et les Protestants s'armer » d'une nouvelle audace. Pour ajouter encore à la » confusion et au désordre, de nouveaux ennemis ont » paru dans ce camp; ce sont les faiseurs de religions » nouvelles, avec leurs systèmes extravagants et sacri- » léges, les Saint-Simoniens, les Socialistes, et le » malheureux Châtel, proclamateur d'une nouvelle

(1) Page 32-40.

» Eglise Française. A ces attaques et à ces efforts de » l'enfer viennent s'unir de coupables écrivains, avec » leurs romans impies et licencieux, et jusqu'aux » Poëtes dramatiques eux-mêmes, qui osent mettre » en scène des forfaits atroces qui endurcissent le » cœur de l'homme, porter en triomphe les vices les » plus honteux, et reproduire impudemment sur le » théâtre les sacrés mystères, et les plus augustes » cérémonies de l'Eglise. Enfin, à cette multitude d'en- » nemis acharnés contre lui, le Clergé voit se joindre » l'Université, qui devait être son alliée la plus » fidèle.

» Toutefois ce qui aurait peut-être épouvanté tout » autre Clergé, n'effraye pas le Clergé de France. Il » ne cherche pas à se soustraire à la lutte : il oppose à » tous ses adversaires une résistance et un courage » héroïques ; aussi, malgré les violentes attaques faites » à la Religion, l'Eglise, dans ce Royaume, gagne » toujours du terrain, et les peuples y manifestent » d'heureuses tendances à reprendre la Foi antique de » leurs pères. C'est donc avec raison que nous espérons » de cet illustre Clergé, non-seulement qu'il persévérera » dans une entreprise si glorieusement commencée ; mais » que son zèle pour la défense de la Religion ira sans » cesse croissant.

» Pour moi, il me semble que le Seigneur, enfin » apaisé, destine aujourd'hui la France à être l'ins- » trument de ses divines miséricordes. Il veut qu'elle » répare elle-même les maux nombreux qu'elle a causés » au monde dans le siècle passé et au commencement » de celui-ci, par tant d'écrits impies et par cette pro-

» pagande philosophique dont les apôtres allèrent semer » au milieu des peuples, les principes de la révolte » contre tous les Gouvernements, aussi bien que contre l'Eglise. Et, en effet, c'est la France qui a conçu » et exécuté la première le magnifique projet d'une » association pour la propagation de la Foi, destinée » à seconder l'admirable institution de la Propagande » de Rome; c'est la France qui a replanté sur les côtes » d'Afrique l'étendard triomphant de la Croix, et donné naissance à une nouvelle Eglise Africaine; c'est » la France enfin qui, sous les auspices et la direction » du Saint-Siége, travaille à dissiper les ténèbres de » l'idolâtrie parmi les pauvres sauvages de l'Océanie, » et à soutenir, dans la Cochinchine et le Tong-King, » la Religion persécutée de Jésus-Christ, avec un admirable zèle apostolique, des fatigues incalculables » et le sang glorieux des Missionnaires martyrs qui » sont sortis de son sein. »

Quel contraste entre cet éloge de l'Eglise de France, prononcé à Rome par le Doyen du sacré Collége, par le Cardinal Pacca, qui la met au premier rang des Eglises catholiques, et les déclamations injurieuses de l'auteur des *Institutions liturgiques!* Aussi, sur près de cinquante Evêques qui, jusqu'à ce moment, ont répondu à l'envoi que je leur ai fait de mon écrit, à l'exception de trois ou quatre, qui ont évité de se prononcer, il n'en est aucun qui ne blâme les écarts de cet auteur, et presque tous me rendent grâces d'avoir repoussé les calomnies par lesquelles on voulait flétrir notre Eglise.

Deux ou trois Evêques m'ont fait de légères observations ; je les en remercie bien sincèrement. Je ne peux douter de l'approbation de plusieurs de ceux qui ne m'ont pas encore répondu. Un d'entre eux m'en a donné une excellente preuve en faisant demander à mon Secrétaire cinquante exemplaires de ma brochure, pour les distribuer à ses Prêtres à l'occasion d'une retraite ecclésiastique.

Je respecte, j'interprète en bien le sentiment de tous mes collègues, quel qu'il soit ; l'essentiel est qu'une union parfaite, que la charité qui est *le lien de la perfection* règne entre nous tous.

L'Auteur des *Institutions liturgiques* annonce l'intention de justifier son livre : je le plains. Que ne prend-il un chemin plus court et plus honorable : celui d'avouer qu'il s'est laissé emporter trop loin par son zèle, et de condamner tout ce qu'il a avancé d'excessif et d'injurieux pour l'Eglise de France. Pour moi, je me repose sur la vérité de tout ce que j'ai dit : le public, les Evêques sont nos juges : ils auront les pièces sous les yeux. Le soin de mon Diocèse, et les circonstances où nous nous trouvons, ne me permettent pas d'employer mon temps à soutenir une pareille polémique. J'aime d'ailleurs beaucoup cet oracle de saint Paul : *Si quis videtur contentiosus esse : nos talem consuetudinem non habemus, neque Ecclesia Dei* (1).

(1) 1. Cor. XI, 16.

L'ÉGLISE DE FRANCE

INJUSTEMENT FLÉTRIE

Dans un Ouvrage ayant pour titre : INSTITUTIONS LITURGIQUES, *par le R. P.* Dom Prosper Guéranger, *Abbé de Solesmes.*

DOM GUÉRANGER nous apprend qu'il a travaillé pendant douze ans (1), pour donner une histoire complète de la Liturgie chrétienne depuis les Apôtres jusqu'à nos jours. S'il se fût consacré à ce travail dans le pur intérêt de la science et de la religion, il eût acquis un titre incontestable à la reconnaissance de l'Eglise. Que dans cet ouvrage il eût exprimé le désir de voir l'unité de Liturgie établie, s'il était possible, dans toute l'Eglise Catholique, au moins dans l'Eglise d'Occident; qu'il eût exposé, avec la chaleur qui lui est propre, les avantages de cette unité, nous aurions approuvé un désir si raisonnable et si orthodoxe. Nous aurions

(1) Instit. Liturg. t. 1, préf. p. xvj.

été également d'accord avec lui sur ce principe, que la Liturgie doit être stable; qu'il est nuisible à la piété, et même dangereux pour la foi, d'y apporter sans cesse des changements. Enfin, nous n'aurions eu garde de le blâmer, quand il aurait relevé ce qu'il peut y avoir de défectueux, soit quant au droit, soit quant à la rédaction, dans les Liturgies des divers Diocèses de France; pourvu qu'il l'eût fait avec mesure, et avec les égards qui sont dûs à une grande Eglise, invinciblement unie au Saint-Siége dans tous les siècles, et qui fut toujours, après l'Eglise Romaine, la plus ferme colonne de l'Eglise de Jésus-Christ. Cette sage réserve, l'auteur des *Institutions liturgiques* ne l'a pas connue, et l'on ne peut le justifier du reproche d'imprudence, de témérité, et ce qui est pire, d'injustice envers l'Eglise de France: injustice dans les accusations odieuses qu'il intente contre cette Eglise; injustice dans la critique qu'il fait de sa Liturgie.

I.

IMPRUDENCE ET TÉMÉRITÉ DE L'AUTEUR DES *INSTITUTIONS LITURGIQUES*.

La Liturgie est une chose sacrée. Elle est la forme du culte public que l'on rend à Dieu. Dans ses prières, ses hymnes et ses cantiques, elle est le langage par lequel toute la société des fidèles, comme chaque fidèle en particulier, célèbre les grandeurs du Très-Haut, lui rend grâces de ses bienfaits, invoque son secours et implore sa clémence.

Les paroles ne suffisent pas à l'Eglise Catholique pour manifester ses sentiments d'adoration, de reconnaissance et d'amour envers la majesté divine : elle a recours à un langage non moins énergique, qui frappe même plus fortement l'esprit du commun des hommes ; c'est le langage des signes, la pompe des solennités, la magnificence des ornements sacrés, la majesté des cérémonies.

Toutes ces choses tirent leur principale force, pour agir sur l'esprit des fidèles, de leur ancien et constant usage, de l'autorité des pasteurs qui les ont établies et qui les emploient, de leur consécration au culte de Dieu.

Bien des fidèles ne savent guère distinguer l'essence de la religion, des formes extérieures du culte. Dans leur esprit, critiquer, censurer, tourner en ridicule ces formes, c'est attaquer la religion. On ne saurait donc garder trop de mesure dans ce que l'on dit sur cette matière.

La réserve n'est pas seulement nécessaire pour éviter de scandaliser les gens simples; la critique que l'on se permet sur ces objets peut être poussée au point de nuire à la piété même des hommes instruits, des Prêtres eux-mêmes. L'auteur dont nous parlons en est venu à cet excès. Je mets en fait qu'un chrétien, même assez éclairé, ne pourra lire les critiques exagérées, ou plutôt injustes, de l'Abbé de Solesmes contre la Liturgie d'un grand nombre de Diocèses de France, sans que sa piété en soit offensée, et peut-être refroidie.

Je vais plus loin; les Prêtres des Diocèses où cette Liturgie est depuis longtemps consacrée par l'usage et par l'autorité des premiers pasteurs, et qui ont constamment récité avec foi et avec piété leur office dans les Bréviaires de ces Diocèses, s'acquitteront-ils de ce devoir avec le même sentiment de dévotion, quand ils auront entendu Dom Guéranger leur dire, leur inculquer, leur répéter jusqu'à satiété, que ces Bréviaires ont été rédigés par des hommes suspects dans la foi, ennemis du Saint-Siége, par des hérétiques qui, dans cette rédaction, ont eu pour but de *diminuer le culte des Saints*; *de restreindre en particulier les marques de la dévotion à la sainte Vierge*, de *comprimer l'exercice de la puissance des Pontifes Romains* (1)?

L'auteur l'a bien senti; il a vu quel devait être le résultat de ses critiques : « Il ne serait, dit-il, » pas impossible que certains ecclésiastiques, » apprenant par nos récits l'origine peu honora- » ble de tel ou tel livre liturgique en usage dans » leur Diocèse, crussent faire une œuvre agréable » à Dieu en renonçant avec éclat à l'usage de ces » livres... Notre but n'est certainement pas d'en- » courager de pareils actes... qui n'auraient guère » d'autres résultats que de scandaliser le peuple » fidèle, et d'énerver le lien sacré de la subordi- » nation cléricale (2).

Fort bien! Dom Guéranger ne veut pas de scandale; mais cette protestation de sa part inspirera-t-elle beaucoup de dévotion à ceux qui réciteront leur office dans des Bréviaires faits, suivant lui, pour propager l'hérésie? Et comment peut-il exiger que les ecclésiastiques continuent à payer à Dieu le tribut de leurs prières dans de pareils livres; tandis qu'il est fort embarrassé pour excuser ceux qui récitent la strophe d'une hymne où il prétend trouver une hérésie. C'est une chose remarquable que la manière dont il tâche de résoudre la difficulté. « A notre avis (c'est l'auteur qui parle),

(1) Instit. Lit. t. 2, p. 81, 82.

(2) *Ib.* t. 1, préf. p. xv.

» trois causes seulement peuvent excuser de mal » l'usage de l'hymne en question : une heureuse » *distinction* dans laquelle l'esprit proteste contre » ce que répètent les lèvres; une innocence com- » plète en matière d'orthodoxie; enfin une de » ces distractions involontaires qui s'emparent de » l'esprit durant la prière (1). » Admirable ressource ! il faut être distrait dans la prière pour ne pas pécher !!

Afin de ne rien omettre de ce qui peut rendre notre Liturgie odieuse, Dom Guéranger attaque jusqu'à nos ornements sacrés. Il emploie toutes les ressources de son esprit à ridiculiser la forme, non-seulement de nos surplis, de nos bonnets ronds ou carrés, mais encore de nos chapes et de nos chasubles : singulier moyen d'inspirer de la dévotion aux fidèles ! Il voit dans ces formes, une « dégradation des habits sacerdotaux, mais » surtout du surplis, dont les manches déjà fen- » dues et renvoyées par derrière vers le milieu » du XVII.e siècle, s'allongèrent et se séparèrent » entièrement du corps du surplis lui-même au » XVIII.e siècle, et prirent le nom d'ailes, en at- » tendant que le XIX.e s'amusât à les plisser de » cette façon ridicule et incommode qu'elles ont » de nos jours. » Voilà pour les surplis : passons aux bonnets.

(1) Inst. Lit. t. 2, p. 120.

« Quant au bonnet de chœur, qui, au commen-
» cement du règne de Louis XIII, était encore tel
» en France que dans les autres Églises de la ca-
» tholicité, le XVII.e siècle, en finissant, avait effacé
» la saillie de la partie supérieure, et, allongeant
» encore le corps du bonnet, prépara cette coiffure
» ridicule et gênante qui, de nos jours, affectant la
» forme d'un éteignoir, compromet la gravité des
» fonctions sacerdotales, et fournit gratuitement
» aux esprits forts l'occasion de déclamer contre
» le mauvais goût de l'Église catholique (1). »

Le lecteur me pardonnera de ne pas entrer dans cette si grave question, savoir, si le surplis parisien est plus incommode et de plus mauvais goût que le surplis qu'on appelle dans ce pays-ci, le surplis *romain*; si le bonnet allongé peut compromettre l'Église catholique auprès des esprits forts, plus que le bonnet écrasé. Ce que je sais par expérience, c'est que mes bonnets de chœur, sans être écrasés, ont toujours été assez carrés pour bien tenir sur ma tête.

L'auteur estime la question assez importante pour y revenir dans le chapitre XXIV, et, après avoir censuré *les coupes étriquées et rabougries de nos costumes sacrés*, il range parmi ces vêtements *à formes déplaisantes et grotesques, nos chasubles qu'un inflexible bougran a rendues dans la partie*

(1) Inst. Lit. t. 2, p. 441, 442.

antérieure semblables à des étuis DE VIOLONS, et ces *chapes non moins étranges qui, garanties contre toute prétention aux effets de draperies par les enduits gommés qui leur servent de charpente, s'arrondissent en cône autour du clerc condamné à habiter momentanément dans leur enceinte* (1). Un jeune impie n'aurait pas mis plus d'esprit pour ridiculiser des objets dont le respect se confond, dans l'esprit du commun des fidèles, avec celui qui est dû à la religion même. Eh! quel est le costume qu'on ne puisse de cette manière tourner en ridicule? Le rabat et la coiffure des magistrats, le shako des grenadiers, la couronne et le sceptre même des rois, si la puissance et la majesté dont ils sont le signe ne les en défendaient pas, tout cela ne pourrait-il pas devenir l'objet d'aussi mauvaises plaisanteries?

Du reste, la censure que l'on fait ici de nos costumes religieux est sans fondement; la forme des chasubles est partout à peu près la même. Celles de France ont sur celles d'Espagne, l'avantage de représenter l'image vénérable de la croix. Les chapes, dans les diocèses qui ont conservé la Liturgie romaine, sont de la même forme que celles des Eglises qui suivent le rit parisien. Nos surplis valent assurément les rochets italiens, qui ne descendent pas au-dessous de la poitrine. Enfin,

(1) Ins. Lit. t. 2, p. 694, 695.

le bon sens dit assez que les costumes religieux sont consacrés, et deviennent respectables par le seul usage, et que ce qu'il y aurait de vraiment ridicule, serait de vouloir en changer, comme on fait dans le monde pour les habits profanes, taillés chaque jour d'après une mode nouvelle.

L'auteur des *Institutions liturgiques* n'est pas moins *téméraire* qu'il est imprudent. Peut-on excuser de témérité un Prêtre, un Religieux, qui à peine arrivé dans un royaume éminemment catholique, dont l'Église se signala toujours par sa foi et par ses lumières, s'attache à l'avilir, à la présenter comme ennemie du Saint-Siége, comme favorisant l'hérésie, et même comme hérétique; un Prêtre, un Religieux qui juge souverainement, condamne, approuve ou censure suivant ses idées tout l'ordre du service divin, réglé et approuvé par les Évêques, enfin qui accuse *la plupart des catholiques français d'être dans une déviation universelle* relativement à la doctrine ! (1)

(1) Inst. Lit. t. 2, p. 395.

II.

INJUSTICE DE L'AUTEUR DES *INSTITUTIONS LITURGIQUES* ENVERS L'ÉGLISE DE FRANCE. — IL NE DÉGUISE PAS SES DISPOSITIONS HOSTILES. — ZÈLE CONSTANT DE CETTE ÉGLISE POUR LA PURETÉ DE LA FOI.

Ici l'auteur des Institutions liturgiques n'est pas seulement téméraire, il est, comme on va le voir, injuste dans les accusations qu'il ose intenter contre l'Église de France.

Mettons d'abord le lecteur en état d'apprécier le zèle constant de l'Église Gallicane pour le maintien de la foi catholique et son inviolable fidélité aux successeurs de Pierre. Il faudrait être bien peu instruit de l'Histoire ecclésiastique pour ne pas reconnaître que, sous ce double rapport, aucune autre Église, après celle de Rome, ne peut se glorifier d'avoir été protégée de Dieu d'une manière plus éclatante. La foi fut apportée en France dès les temps apostoliques. Ce ne fut pas la contrée où le sang des martyrs coula moins abondamment. Dans quel lieu du monde la doctrine évangélique s'est-elle conservée constamment plus pure, et l'hérésie a-t-elle été plus fortement repoussée ?

L'arianisme put-il y faire quelques progrès, à

l'époque même où il dominait tellement dans le monde, que, suivant l'expression énergique de saint Jérôme, l'univers s'étonna de se trouver Arien? Le même saint Père, écrivant contre Vigilance, après avoir énuméré les monstres qui avaient paru dans les autres régions de la terre, se plaît à dire que la Gaule, jusqu'à l'apparition de cet hérétique, *n'avait pas enfanté de monstres* semblables; qu'elle avait au contraire toujours été riche en hommes célèbres par leur grandeur d'âme et leur éloquence : *Sola Gallia monstra non habuit, sed viris semper fortissimis et eloquentissimis abundavit* (1).

Les Évêques des Gaules, non-seulement combattirent et étouffèrent les hérésies qui s'élevaient dans leurs Églises, ils vinrent encore au secours de la vérité dans les Églises lointaines. Saint Hilaire de Poitiers fut la terreur des Ariens jusqu'au fond de l'Orient, où l'empereur Constance l'avait exilé. Les Églises d'Angleterre eurent recours aux Évêques des Gaules, qui leur envoyèrent saint Germain Évêque d'Auxerre et saint Loup Évêque de Troyes, pour combattre le pélagianisme.

Quel royaume mit plus de zèle que celui de France, pour finir le grand schisme d'Occident, par lequel l'unité catholique, quoique subsistant

(1) *Hier. ad Vigilantium, initio.*

toujours dans la volonté manifeste et l'action empressée de toutes les Églises pour en amener la fin, était cependant matériellement rompue par l'existence de trois chefs dont on ne pouvait assurer quel était le légitime?

Tout cela, dira Dom Guéranger, ne fait pas à la question : ce n'est pas l'Église Gallicane des premiers temps que j'attaque, mais seulement celle des deux derniers siècles. S'il en est ainsi, d'où vient qu'en énumérant les erreurs de Vigilance, l'Abbé de Solesmes aime tant à dire que cet hérétique était gaulois (1); et qu'après avoir rapelé ses blasphèmes, il ajoute, avec complaisance : « Comme l'on voit, cela n'est pas mal avancé » pour un gaulois du IV.e siècle (2); » ou plutôt du cinquième.

Pour nous, nous n'abandonnerons pas plus à Dom Guéranger les deux derniers siècles de notre Église, que les premiers. Avec quelle force en effet n'a-t-elle pas combattu le protestantisme, qui déjà avait envahi une grande partie de l'Europe ! Plus tard, une autre hérésie s'élève, qui, par la science et le talent de ses chefs, par la sévérité outrée de sa morale, par l'austérité apparente de ses sectateurs, ajoutons par l'appui qu'elle trouva dans les grands corps de magistrature, aurait pu

(1) Nous verrons bientôt ce qui en est.

(2) Inst. Lit. t. 1, p. 408.

causer au milieu de nous les plus grands ravages : n'a-t-elle pas rencontré comme un mur inexpugnable dans la fermeté des Evêques de France? Ils la dénoncèrent au chef de l'Eglise, la poursuivirent jusque dans ses derniers retranchements. Quelques-uns, ainsi que plusieurs simples Prêtres, souffrirent avec courage, pour lui résister, la persécution et l'exil.

Dans ce même XVII.e siècle, que de personnages illustres par leurs vertus comme par leurs talents! Quels hommes que Bourdaloue, Massillon, Fénélon, Bossuet! Quelle vertu que celle de ce Bernard, appelé le *pauvre Prêtre*, des Olier, des Boudon, des Bourdoise, des Abbés de la Salle, des Vincent de Paul! Que dire de ce grand nombre d'associations de charité, où s'agrégeaient les femmes les plus distinguées par leur naissance, et d'instituts religieux introduits ou créés en France dans ce même siècle : les filles du Carmel, la Visitation, les Ursulines, les Religieuses de Notre-Dame, celles de Notre-Dame de Charité, l'Oratoire, les Prêtres de la Mission, les Frères des Écoles chrétiennes, qui font encore aujourd'hui la consolation et la gloire de la Religion!

On travailla dans le même temps à ramener les anciens instituts religieux à leur première ferveur, et à fonder des séminaires pour former des Ecclésiastiques dignes d'exercer un jour les fonctions sublimes du sacerdoce. On peut dire que ce fut dans ce XVII.e siècle que les heureux effets de la réformation du saint Concile de Trente devinrent manifestes à tous les yeux, et que l'Eglise de France, ainsi que toute l'Eglise catholique, vit *sa jeunesse se renouveler comme celle de l'aigle* (1).

Un fait particulier, mais bien intéressant, nous prouve que la piété a toujours fleuri en France. Le P. de Rhodes, Jésuite, excellent Religieux, Missionnaire dans la Cochinchine, vint en Europe en 1649, pour en amener des Evêques et des Prêtres qui pussent soutenir et propager la foi près de périr dans ces contrées lointaines. N'ayant pas réussi ailleurs, il se tourna vers la France. « J'ai cru, dit-il, que la France, ÉTANT LE PLUS » PIEUX royaume du Monde, me fournirait plu- » sieurs soldats qui aillent à la conquête de tout » l'Orient, pour l'assujettir à Jésus-Christ. » Son espérance ne fut pas trompée.

Il y avait alors à Paris une société de pieux jeunes gens appartenant pour la plupart à des familles distinguées, dont le but était de se livrer aux œuvres de zèle et de charité, et qui avait beaucoup de rapport avec l'admirable réunion formée aujourd'hui sous le patronage de saint Vincent de Paul.

« Touchés par la peinture que leur fit le P. de » Rhodes de l'état de tant de pauvres peuplades,

(1) *Renovabitur ut aquilæ juventus tua.* Ps. 102.

» qui n'attendaient pour sortir de leur idolâtrie » que des Prêtres qui les instruisissent ; transportés surtout de ce désir du martyre, si fort » dans les âmes dont la foi est vive et généreuse,... » tous ceux d'entre eux qui se destinaient à l'état » ecclésiastique,... conçurent le projet de tout » quitter pour travailler au salut des sauvages..... » C'est ce qui a donné l'origine au séminaire des » Missions étrangères, établi à Paris. » (Vie nouv. de H. M. Boudon, p. 53 et suiv.) (1). Cette piété de la France au milieu du XVII.e siècle, n'a pas dégénéré de nos jours; l'œuvre admirable *de la propagation de la foi* en est une preuve irrécusable.

L'Abbé de Solesmes dira-t-il qu'il ne peut donner que des éloges à la première moitié du XVII.e siècle; mais qu'à partir de là on commença à s'éloigner de la droite voie? D'abord, qui pourra croire qu'un siècle où paraissent des hommes si éminents en savoir et en vertu, où la Providence avait commencé d'opérer tant de grandes choses pour la gloire de la Religion, ait décliné tout à coup, et qu'il s'y soit fait une révolution aussi déplorable que celle que suppose Dom Guéranger ? Telle n'est pas la marche naturelle des événements.

Je demande encore comment les vertus des

(1) Lettres à Monseigneur l'Evêque de Langres sur la Congr. des Missions étrangères, par J. F. O. Luquet, Prêtre. Lettre 1, p. 4, 10.

grands hommes dont nous avons parlé, la fondation et la réforme de tant de saints Instituts et d'associations charitables, au lieu de porter les fruits heureux qu'on avait droit d'en attendre, n'auraient eu que de si tristes résultats, quand on voit surtout que tous ces pieux Instituts ont subsisté jusqu'à la catastrophe dont nous avons été les tristes témoins, et que les grands hommes qui illustrèrent la première moitié de ce siècle XVII.e y brillèrent jusqu'à la fin, quelques-uns même au delà?

Ici Dom Guéranger, pour avilir l'Eglise de France de cette époque, aura recours à la fameuse Assemblée du Clergé de 1682, et à ses quatre articles; tandis que, si l'on veut être impartial, et que l'on se place dans les circonstances où se trouvèrent alors les Evêques, on se convaincra que, bien loin de se montrer les ennemis du Saint-Siége, ils mirent tous leurs soins et firent tous leurs efforts, pour empêcher qu'une funeste rupture ne vînt séparer violemment le royaume très-chrétien, de la pierre fondamentale sur laquelle le Fils de Dieu a bâti son Eglise.

Une malheureuse mésintelligence régnait entre le chef de l'Eglise et le chef de l'Etat, entre Innocent XI, Pape d'une grande vertu, mais inflexible, et Louis XIV, monarque absolu, quoique fortement attaché à la Religion. Ce prince, profondément blessé de la manière sévère dont le traitait Innocent XI, qui en était venu envers lui jusqu'aux menaces, se trouvait agité d'une double crainte : la crainte de manquer à sa gloire, et celle de se voir frappé des anathèmes du Saint-Siége.

Dans cette situation violente, il convoque une assemblée du Clergé, et veut qu'on lui dise quelles sont les bornes de l'autorité du chef de l'Eglise. Telle fut l'origine de la fameuse et malheureuse déclaration du Clergé de France..... Oui, malheureuse, car elle refroidit l'affection de l'Eglise Romaine pour l'Eglise de France, sa fille aînée, résultat déchirant pour des cœurs catholiques, et elle fournit dans la suite des armes ou des prétextes aux ennemis de la foi.

Je ne veux examiner ici ni la doctrine contenue dans cette déclaration, ni la conduite de l'Assemblée du Clergé dans cette circonstance; tristes questions qu'il ne faudrait jamais soulever. Il me suffit évidemment, pour repousser les incriminations de Dom Guéranger contre cette Assemblée, de montrer qu'elle fut guidée dans ce qu'elle fit par son attachement à la foi, et par son désir de conserver inviolable l'autorité sacrée du Saint-Siége.

Il y avait lieu de craindre, et l'on craignait en effet, vu l'irritation des esprits, que les choses ne fussent poussées à l'extrémité contre Rome, et que l'on ne finît par vouloir rompre avec elle (1).

(1) Hist. de Bossuet, t. 2, liv. 6, p. 154 et 164.

Aussi, dans le discours d'ouverture, Bossuet, qui en fut chargé, s'attache-t-il à exalter la suprême autorité de la chaire de Pierre. Après avoir rappelé les paroles de Jésus-Christ à cet Apôtre : *et moi, je te dis que tu es Pierre*, etc. « Qu'on ne pense » point, dit-il, que ce ministère de saint Pierre » finisse avec lui. Ce qui doit servir de soutien à » une Eglise éternelle, ne peut jamais avoir de » fin; Pierre parlera toujours dans sa chaire (1). »

Plus bas, expliquant la mission de saint Paul auprès des Gentils, et sa prédication à Rome, il ajoute : « Il faut, cependant, que Rome revienne » au partage de saint Pierre :.... il faut que la » commission extraordinaire de Paul expire avec » lui à Rome, et que, réunie à jamais, pour ainsi » parler, à la chaire suprême de Pierre, à la- » quelle elle était subordonnée, elle élève l'E- » glise Romaine au COMBLE DE L'AUTORITÉ et de la » gloire (2). »

Immédiatement après, Bossuet proclame l'immuable intégrité de la Foi de l'Eglise Romaine : « Ainsi fut établie et fixée à Rome la chaire éter- » nelle. C'est cette Eglise Romaine qui, enseignée » par saint Pierre et ses successeurs, ne connaît » point d'hérésie..... L'Eglise Romaine est tou- » jours vierge, la Foi Romaine est toujours la

(1) Serm. sur l'unité de l'Eglise, 1. p. t. v, p. 488, édit. de 1743.

(2) *Ib.* p. 490.

» Foi de l'Eglise; on croit toujours ce qu'on a cru; » la même voix retentit partout, et Pierre demeure » dans ses successeurs le fondement des fidèles; » c'est Jésus-Christ qui l'a dit : et le ciel et la terre » passeront plutôt que sa parole (1). »

Plus bas, réunissant ce que les SS. PP. ont dit de plus glorieux à l'Eglise Romaine, il l'appelle : « l'Eglise mère, qui tient en sa main la conduite » de toutes les autres Eglises; le chef de l'Epis- » copat, d'où part le rayon du gouvernement; la » chaire principale, la chaire unique, en laquelle » seule tous gardent l'unité (2). »

Aussi met-il en principe, pour écarter le danger qui lui inspire tant de crainte : *Que quand l'Eglise Romaine imposerait un joug à peine supportable*, il le faudrait souffrir; qu'*il faut tout supporter plutôt que de rompre la communion avec elle* (3).

Mais écoutons la solennelle protestation qui termine ce sublime discours; quel Catholique ne se plaira à dire avec l'Orateur : « Si je t'oublie, » Eglise Romaine, puissé-je m'oublier moi-même! » Que ma langue se sèche et demeure immo- » bile dans ma bouche, si tu n'es pas toujours » la première dans mon souvenir, si je ne te mets » pas au commencement de tous mes cantiques » de réjouissance! Ps. 136 (4). »

(1) Serm. sur l'unité de l'Eglise, 1. p. t. v, p. 490.

(2) *Ib.* p. 494.

(3) *Ib.* II. part. p. 505.

(4) Disc. p. 519.

Qu'un discours si éloquent, si capable d'imprimer dans les esprits une inviolable soumission à l'Eglise Romaine, n'ait pas été composé dans l'intention réelle de produire cet effet, c'est ce qu'on ne peut raisonnablement croire..

Bossuet en donna lecture aux Archevêques de Paris et de Reims, à l'Evêque de Tournay et à trois Députés du second ordre; *il fut convenu qu'on n'y changerait pas une syllabe* (1). L'Assemblée en ordonna l'impression, ce quelle n'avait fait pour aucun autre, comme l'observe l'historien de Bossuet (2).

Les bonnes intentions de l'Assemblée et de Bossuet en particulier, ne parurent pas en cela seulement; mais encore dans ce qui suivit. On voit Bossuet manifester souvent ses craintes; et quelles craintes? celle de voir les esprits, au milieu de discussions *difficiles et délicates*, se laisser entraîner à des *mesures extrêmes* (3); il éloignait autant qu'il pouvait la déclaration de principes que le Roi demandait : « C'était par cette raison » *qu'il avait proposé d'examiner toute la tradition,* » pour laisser aux esprits le temps de se cal- » mer (4). » Mais de *nouveaux ordres du Roi*, dit son historien, étant arrivés, *on ne pouvait plus différer d'obéir* (5).

(1) Hist. de Boss. t. 2, p. 135.
(2) *Ib.* p. 134.
(3) *Ib.* 163.
(4) *Ib.* p. 165.
(5) *Ib.* p. 167.

Un dernier trait des bonnes dispositions de l'Assemblée, c'est que l'Évêque de Tournay, qui devait d'abord rédiger la déclaration, *ne s'étant pas montré assez favorable à l'indéfectibilité du Saint-Siége*, Bossuet eut avec lui une discussion assez animée sur cette question, et dès ce moment ce fut ce dernier qui fut chargé de la rédaction (1).

Toutes ces circonstances démontrent que, dans l'Assemblée même de 1682, le Clergé de France ne fut nullement *hostile à l'Église Romaine*, comme Dom Guéranger voudrait partout l'inculquer.

L'orthodoxie de l'Église Gallicane ne dégénéra pas davantage dans le XVIII.e siècle; quoique Dom Guéranger nous la peigne, à cette époque, sous les plus noires couleurs, qu'il tâche même de lui imprimer la note infamante d'hérétique, inventant pour cela une hérésie nouvelle, qu'il lui a plu d'appeler l'*hérésie anti-liturgique.*

Un auteur bien connu pour la pureté de la foi, auquel S. S. Grégoire XVI a adressé un Bref infiniment honorable, nous présente l'Église de France dans le XVIII.e siècle, sous un plus beau jour.

« L'Église de France, au commencement du
» XVIII.e siècle, dit cet écrivain, conservait le
» grand caractère qu'elle avait pris dans le siècle

(1) Hist. de Boss. t. II, p. 167.

» précédent, lorsque tant de personnages émi-
» nents en sainteté et en doctrine la rendaient
» respectable par leurs talents, leurs vertus et
» leur zèle... Le Clergé montrait le meilleur es-
» prit. Formé à la piété dans les nombreuses con-
» grégations qui s'étaient établies au siècle pré-
» cédent, et qui subsistaient dans toute leur ré-
» gularité, il donnait de beaux exemples de vertu;
» et plusieurs de ses membres retraçaient les qua-
» lités éminentes qui avaient distingué précédem-
» ment les la Rochefoucauld et les Berulle sous la
» pourpre romaine, les Gault et les Solminiac dans
» l'épiscopat, les Vincent et les Olier dans le sa-
» cerdoce, les Régis et les Rancé dans l'état re-
» ligieux..... (1) » Il n'était aucune partie des sciences ecclésiastiques qui ne fût cultivée avec des soins dignes d'éloge..... (2).

Il est vrai que cet auteur, incontestablement très-catholique, fait à ce siècle un mérite de ce que Dom Guéranger traite *d'hérésie maudite*. Il parle avec éloge des travaux entrepris sur les Rits et les Cérémonies de l'Église, de la rédaction des Bréviaires, « où la critique était plus sûre,
» où l'Écriture sainte était plus fréquemment em-
» ployée, et où les Hymnes et les Proses étaient
» d'un style plus clair et plus noble. Santeuil,

(1) Mém. p. servir à l'hist. eccl. du 18.ᵉ siècle. Introd. p. XLIII, XLV, édit. de 1815.

(2) *Ib.* p. LIV.

» ajoute-t-il, avait consacré son talent à ces par-
» ties de l'office divin (1). »

On peut dire, en effet, que le XVIII.ᵉ siècle, dont la fin sera à jamais tristement célèbre, fut cependant celui où l'Église Gallicane éprouva une protection de Dieu plus éclatante. Car, tandis qu'une excessive frivolité dominait partout, que l'on traitait avec dérision les choses les plus sacrées, qu'une licence de mœurs effrénée ravageait la France, l'épiscopat y conservait sa dignité et maintenait inaltérable la pureté de la Foi. Les Évêques ne cessèrent d'y veiller pour réprimer l'hérésie, qu'ils poursuivirent jusque dans ses derniers retranchements, et pour assurer une soumission franche et entière aux jugements du Saint-Siége.

A cette vigilance, il fallut ajouter la patience et le courage. Le Clergé eut à souffrir une vraie persécution de la part de la magistrature; et l'on vit les Parlements en venir jusqu'à cet excès, de prétendre décider à quels pécheurs il fallait accorder ou refuser les sacrements de Pénitence et d'Eucharistie.

Un grand nombre de Prêtres, pour n'avoir pas obtempéré à des ordres si injustes, furent exilés, bannis; des Évêques même virent saisir leur temporel et subirent la peine de l'exil. L'Arche-

(1) *Ib.* p. LVII.

vêque de Paris, Christophe de Beaumont, se signala par son héroïque constance. Expulsé plus d'une fois de son siége, il ne cessa pas de combattre l'impiété par des actes publics. Sa noble conduite le rendra à jamais célèbre. « Les Anglais » même, malgré les préjugés du schisme et » de l'hérésie, furent ses admirateurs. Le Roi » de Prusse fit de sa fermeté les plus grands » éloges (1). »

Un acte mémorable et bien glorieux à l'Église de France, au milieu de ces odieuses et cruelles vexations, fut la déclaration arrêtée dans l'Assemblée générale du Clergé, le 22 août 1765. Les Évêques y révèlent la conspiration des incrédules contre la Religion, et y condamnent les principaux ouvrages publiés dans ce but impie. Ils établissent les droits incontestables de la puissance spirituelle, dont le plus essentiel est celui de l'enseignement en matière de foi; et venant ensuite au détail, ils reconnaissent la Bulle *Unigenitus*, comme un jugement doctrinal auquel tout doit se soumettre. Cent trente-neuf Evêques et un nombre immense d'ecclésiastiques du second ordre, souscrivirent ou adhérèrent à cette déclaration (2).

Dans ce même acte, l'Assemblée réclame contre la conduite tenue envers M. de Beaumont,

(1) Feller, Dict. hist.

(2) Procès-verb. du Cl.

Archevêque de Paris, et le venge des outrages faits à son caractère dans les remontrances du Parlement.

Elle ne resta pas indifférente sur l'oppression où l'on tenait les membres d'un corps religieux, qui fut toujours exposé le premier aux attaques des ennemis de l'Eglise. Le 2 mai, dans la même Assemblée, les Evêques arrêtèrent de nouvelles représentations pour relever ce qu'il y avait d'odieux et d'injuste dans la conduite tenue à leur égard.

Mais ce fut surtout pendant la sanglante catastrophe qui signala la fin du XVIII.e siècle, que l'Eglise de France se couvrit d'une éternelle gloire.

L'impiété, devenue maîtresse, médita, avant tout, la ruine de la Religion catholique. On bâtit à cet effet une constitution dite *civile du Clergé*, que Pie VI, dans son Bref du 13 avril 1791, appelle une source empoisonnée de toutes les erreurs, *errorum omnium venenatum fontem* (1), à laquelle on ordonne à tous les Evêques et à tous les Prêtres fonctionnaires publics, de se lier par serment. Le refus devait entraîner, pour les Evêques et les Prêtres fidèles, la spoliation, l'exil, et peut-être la mort.

Le 4 janvier 1791, les Pontifes et les Prêtres, membres de l'Assemblée constituante, sont appe-

(1) Bref du 13 avril 1791, vers le milieu.

lés nominativement à la tribune pour prêter le serment prescrit, pendant qu'une populace capable de tous les excès, faisait entendre contre eux d'horribles menaces. Au milieu de ces cris féroces, ils montent à la tribune; mais pour déclarer qu'ils refusent le serment, et ils motivent leur refus par des discours pleins de foi et de dignité.

Leur exemple fut imité dans tout le royaume. Chose admirable! sur plus de cent trente-quatre Evêques, quatre seulement cèdent à la crainte. L'immense majorité des Prêtres du second ordre suivirent l'exemple des Pontifes fidèles. L'impiété s'en vengea par une horrible persécution. « Voyez, » disent les Evêques de l'Assemblée dans leur » lettre au souverain Pontife, voyez tous les Evê- » ques de France, excepté quatre, destitués de » leur siége; les uns décrétés par les tribunaux, » d'autres arrachés de leurs habitations par la » force, ou même transportés, comme des crimi- » nels, hors de leurs Diocèses; d'autres mis en » fuite sans défense, et forcés de se dérober, non » pas au péril qui menace leur vie, mais à la né- » cessité d'épargner un crime à des concitoyens; » des Pasteurs vertueux et des Prêtres fidèles, in- » sultés, attaqués au milieu du temple, dans la » chaire de vérité, sur les marches du sanc- » tuaire (1). » Au milieu de si grands maux, « tel

(1) Lettre du 3 mai 1791, vers la fin.

» est, disent-ils, le don de celui qui dirige les
» pensées des hommes et les événements, que
» chacun de nous a retrouvé dans ces étonnantes
» épreuves une âme digne de se mesurer avec
» l'adversité (1). »

Ces épreuves allaient devenir plus cruelles. On vit bientôt, dans tout le royaume, les Evêques et les Prêtres mis aux fers, déportés, massacrés, brûlés. Quel long et horrible traitement ne subirent pas ceux qui étaient détenus sur les vaisseaux de Brest et de Rochefort ! Pourrait-on oublier les épouvantables massacres des 2 et 3 septembre? Les traces du sang des martyrs n'ont pu être effacées, et elles rayonnent encore dans le sanctuaire de la chapelle des Carmes.

Telle est l'Eglise que Dom Guéranger veut flétrir ! Le plan de son attaque est remarquable.

(1) Lettre du 3 mai 1791, vers la fin.

III.

L'AUTEUR DES *INSTITUTIONS LITURGIQUES* S'EFFORCE D'IMPRIMER SUR L'ÉGLISE DE FRANCE LA NOTE INFAMANTE DE L'HÉRÉSIE. — MOYEN QU'IL EMPLOIE. — MARCHE QU'IL SUIT A CET EFFET.

C'est dans la Liturgie que Dom Guéranger a cru trouver le moyen de flétrir l'Eglise de France. On le voit assez dans la préface de son premier volume ; mais il est impossible de le nier, lorsqu'on a lu le second.

Comment, en effet, arrive-t-il que, dans la préface d'un ouvrage qui doit embrasser tous les temps depuis les Apôtres jusqu'à nous, et tous les lieux ; qui, suivant l'expression de l'auteur, *touche à un nombre immense de questions* (1) ; d'un ouvrage que l'auteur appelle la Somme Liturgique, dont les deux premiers volumes, de plus de 500 et 700 pages, ne sont que comme l'introduction ; comment, dis-je, arrive-t-il que, dans la préface d'un tel ouvrage, l'auteur n'ait autre chose à dire et à faire qu'à blâmer l'Eglise de France? Il commence dès la première page, où il accuse *la France de laisser la Liturgie dans l'oubli*; tandis que, *dans toutes les écoles catholiques de*

(1) T. 1, préf. p. XVI.

l'Europe, cette science fait partie de l'enseignement (1). Il est vrai qu'à la première ligne de la page suivante, il contredit ceci d'une manière palpable, en attribuant aux Français *un désir excessif de perfectibilité liturgique.* Un tel désir peut-il donc exister là où on laisse la Liturgie en oubli ? Ces contradictions ne sont pas rares dans l'écrit de Dom Guéranger.

Mais voici des accusations plus graves : « Il y » a un siècle que nous avons fait la critique la » plus sanglante (des livres liturgiques de Rome), » en les répudiant en masse.... Qu'il nous soit donc » permis de relever le gant et de (nous) faire le » champion de l'Eglise Romaine (2). » Peut-on accuser plus formellement l'Église de France d'être en guerre avec l'Église Romaine ?

Il n'est pas plus pacifique dans la préface de son deuxième volume. On y voit ces étranges assertions : *Le jansénisme a été le protestantisme de notre pays, le seul qui ait su se faire accepter* (3)... *Nos Liturgies sont, pour la plupart, l'œuvre de mains jansénistes... Elles sont entachées surtout de l'esprit presbytérien. Nous avons mutilé, parodié, expulsé de nos Eglises la Liturgie Romaine* (4). Aussi quels *ravages les changements liturgiques n'ont-ils pas faits dans les habitudes de*

(1) T. 1, Préf. p. IX.
(2) T. 1, Préf. p. XVII.
(3) T. 2, Préf. p. IX, X, XI.
(4) T. 2, Préf. p. XI.

la piété catholique en France (1)! Dom Guéranger est le seul qui ait aperçu ces ravages de la Liturgie.

Si la simple affirmation de l'auteur suffit pour accréditer dans le monde une évidente calomnie, l'Abbé de Solesmes doit être satisfait : son but est rempli ; désormais l'Église Gallicane est flétrie ; la voilà marquée au front, de la note infamante de l'hérésie.

Peut-être quelques esprits trouveront le terme de *calomnie* trop dur ; mais l'accusation est expresse autant qu'odieuse, et sa fausseté est manifeste. Pouvons-nous ne pas la repousser de toutes nos forces ?

On raconte que le supérieur d'un monastère voulant éprouver l'humilité d'un de ses religieux, lui reprocha publiquement toute sorte de vices. Celui-ci se reconnut humblement coupable de tout ce dont il était accusé ; jusqu'à ce que le supérieur vint à dire qu'il errait dans la foi. A ces mots, le bon religieux se lève, et, loin d'acquiescer à ce nouveau reproche, il proteste qu'il croit fermement toutes les vérités enseignées par l'Eglise. Il accomplit ainsi le précepte de saint Paul : *Il faut croire de cœur et confesser de bouche* (2). Mais si un simple fidèle doit protester de la pureté de sa foi, est-il permis à

(1) T. 2, Préf. p. XII. (2) Rom. X. 10.

une grande Église de se taire, quand elle est accusée d'erreur?

L'accusation d'hérésie intentée par Dom Guéranger, contre l'Église de France, comme je l'ai dit, est expresse; rien n'y manque; il la prouve par un argument en forme. Voici la majeure : « Le » jansénisme est pour jamais inauguré au diction- » naire des hérésies. » Nous sommes bien loin de le contester (1). Écoutez la mineure. « Le jan- » sénisme a été le protestantisme de notre pays, » le seul qui ait su se faire accepter (2). »

Cela est-il clair? Il ne faut pas être fort habile pour tirer la conclusion. L'Église de France est donc hérétique, puisqu'elle a accepté une hérésie, celle de Jansenius.

Pour expliquer mieux sa pensée, Dom Guéranger, nous dit que le *jansénisme est le protestantisme de notre pays*, c'est-à-dire que nous l'avons accepté en France, comme on a accepté le protestantisme en Angleterre, en Prusse, en Danemarck. L'Église Gallicane est janséniste comme les Églises de ces royaumes sont protestantes. Rien de plus positif que cette accusation. Mais en même temps, elle est non-seulement fausse, mais diamétralement opposée à la vérité. On n'a qu'à lire ce que nous avons dit plus haut sur l'Église de France dans le XVIII.e siècle.

(1) T. 2, Préf. p. X. (2) *Ib.* p. IX.

Dom Guéranger a senti combien il lui serait difficile de prouver qu'elle *avait accepté le jansénisme.* Ne pouvant donc compter beaucoup sur cette preuve, et voulant à tout prix nous présenter au monde comme hérétiques, qu'a-t-il fait ? Il a imaginé une hérésie de sa façon, qu'il lui a plu d'appeler *l'hérésie anti-liturgique.* Il consacre un chapitre entier à nous en parler (1). Ensuite, peignant notre Liturgie des plus noires couleurs, il nous range tout doucement, encore une fois, au nombre des hérétiques.

Eh ! qu'elle est affreuse cette hérésie ! Dom Guéranger, il faut l'avouer, a beaucoup d'esprit ; eh bien ! il en emploie toutes les ressources pour nous faire comprendre la malice de cette hérésie. Elle renferme en elle-même toutes les autres erreurs ; elle est la cause de tous les maux ; en être exempt, est la source de tous les biens.

Je demanderai d'abord s'il y a vraiment une hérésie *anti-liturgique ;* dans quels auteurs on en trouve l'histoire ; quel Concile ou quel Pape l'a condamnée.

Une hérésie, dans le sens propre du mot, est l'affirmation d'une erreur condamnée par l'Église, ou, ce qui revient au même, la négation d'une vérité révélée, définie par l'Eglise.

Une hérésie anti-liturgique devrait donc être la

(1) T. 1, ch. XIV, p. 408.

négation d'une vérité révélée de Dieu sur la Liturgie et définie par l'Eglise, ou l'affirmation d'une erreur condamnée par l'Eglise, comme opposée à la foi, en matière de Liturgie. Je prie Dom Guéranger de nous dire dans quel lieu de la France on enseigne une hérésie de cette nature.

Il cite Vigilance comme en étant *le point de départ*. « Ce Gaulois, dit notre auteur, déclame con-
» tre la pompe des cérémonies, insulte grossière-
» ment à leur symbolisme, blasphème les reliques
» des Saints, attaque en même temps le célibat
» des Ministres sacrés et la continence des vierges...
» Comme on voit, cela n'est pas mal avancé pour
» un Gaulois du IV.e siècle (1). »

Nous, successeurs de ce Gaulois, nous aurons immanquablement fait des progrès durant les seize siècles qui l'ont suivi? De là jugez à quel degré cette hérésie doit être arrivée aujourd'hui parmi nous! Ce qui m'étonne, c'est que le Pape ne nous ait pas frappés d'anathème pour des erreurs aussi monstrueuses.

Dom Guéranger s'égare ici : il confond la doctrine avec les formes du culte. L'hérésie de Vigilance consiste dans sa mauvaise doctrine, dans ses *blasphèmes contre les Saints*, *contre leurs Reliques*. C'est l'objet de la Liturgie qu'il attaque directement, et non la Liturgie. Le rejet des for-

(1) T. 1, p. 408, ch. XIV.

mes du culte n'est chez lui que la conséquence nécessaire de ses erreurs. Il n'est presque pas d'erreur dans la doctrine, qui n'entraîne quelque altération dans la Liturgie. Voilà ce qui a jeté l'Abbé de Solesmes dans cette absurdité, de renfermer dans la prétendue hérésie anti-liturgique toutes les autres hérésies. Il y met expressément celles de Béranger, des Manichéens, des Pauliciens. En parlant de celle-ci : « C'était bien déjà, » dit-il, l'hérésie anti-liturgique toute formée ; » il continue ensuite à énumérer, les Bulgares, les Vaudois, enfin tous les hérétiques qui ont suivi jusqu'à nous (1), Français, qui devenons ainsi, suivant notre écrivain, les dignes successeurs de tant d'hommes abominables ; puisque nous sommes entachés de l'hérésie anti-liturgique, assemblage monstrueux, suivant lui, des plus détestables erreurs.

Mais, pour être conséquent, Dom Guéranger devait comprendre pareillement dans cet affreux chaos, toutes les hérésies des premiers siècles, celles surtout qui souillaient leurs assemblées par toutes sortes d'infamies. Elles étaient assurément anti-liturgiques, et dès lors, il n'a pu indiquer Vigilance comme le *point de départ* de toutes ces horreurs, que parce qu'il était Gaulois, c'est-à-dire, par cette haine pour la France, qu'il manifeste

(1) *Ib.* p. 409, 411 et suivantes.

à chaque page. Saint Jérôme, plus juste envers les Églises des Gaules, ou plutôt leur admirateur, veut les préserver même de la tache d'avoir produit cet hérétique. Il nous apprend que s'il est né dans les Gaules, il n'en était pas originaire; qu'il descendait des brigands que Pompée avait forcé de quitter les sommets des Pyrénées, et de se réunir dans le lieu qu'il leur avait assigné (1).

Nous ne sommes pas au bout : quand une fois un esprit ardent s'est fait un système, surtout s'il imagine défendre la bonne cause, il y ramène tout, il le voit partout. Non-seulement Dom Guéranger a renfermé toutes les erreurs possibles dans son hérésie *anti-liturgique*, il y voit encore la cause de tous les maux, et dans son absence la source de tous les biens.

Il y trouve d'abord la cause de tous les maux. C'est notre hérésie anti-liturgique qui a causé *la débâcle universelle des anciennes traditions sur le chant* (2).

Les autres arts lui doivent également leur dégradation; la peinture religieuse tomba dans les grimaces de l'afféterie et la mollesse des poses (3).

(1) *De latronum et Convenarum natus est semine, quos Cn. Pompeius, edomitâ Hispaniâ, et ad triumphum redire festinans de Pyrenæis jugis deposuit, et in unum oppidum congregavit.* Hier. contr. Vigil.

(2) T. 2, p. 457.

(3) *Ib.* p. 459.

La statuaire ne fut pas *moins appauvrie* ni *moins matérialisée* (1).

Le sens poétique a manqué complétement à nos modernes successeurs de saint Grégoire. Si un nombre assez considérable des nouveaux répons et des nouvelles antiennes présente des accidents d'une haute poésie, on doit l'attribuer à la divine magnificence des livres saints, et non au goût de nos Docteurs (2).

Pour tout dire en un mot, « telle fut, par le plus » juste de tous les jugements, la barbarie dans » laquelle tombèrent les Français sur les choses » du culte divin, l'harmonie liturgique étant dé- » truite, que la musique, la peinture, la sculp- » ture, l'architecture, qui sont les arts tributaires » de la Liturgie, la suivirent dans une déca- » dence qui n'a fait que s'accroître avec les an- » nées (3). »

Mais voici des effets bien autrement déplorables de cette *maudite* hérésie. C'est à elle, c'est à nos nouveaux Bréviaires, à nos nouveaux Missels qu'il faut attribuer les scandales donnés *par les Prêtres qui, en 93, abjurèrent leur saint état, et contractèrent des mariages sacriléges. Car dans quels rangs se recrutèrent ces apostats? Tout le monde sait que ceux dont la défection fit le plus grand scan-*

(1) *Ib.* p. 439.
(2) *Ib.* p. 422.
(3) *Ib.* p. 449.

dale étaient précisément des hommes membres des congrégations qui avaient le plus sacrifié aux nouveautés liturgiques (1).

La Liturgie Orientale a eu pareillement ses mauvais effets. Elle a offert *un obstacle invincible à toute réunion durable de l'Église Grecque avec l'Église Latine.* Ici, par une contradiction singulière, ce n'est plus à la *nouveauté* et à la *mobilité* des formes liturgiques, c'est au contraire à leur *antiquité et à leur immobilité brute* que Dom Guéranger attribue le mal dont il se plaint (2).

Parmi les maux dont l'hérésie anti-liturgique est la cause, en voici un assez remarquable : Si le barbare *Czar Nicolas I.er, et Catherine II* qui l'avait précédé, *ont détaché des millions de catholiques du vrai christianisme*, c'est *uniquement parce que ces Catholiques ne se servaient pas du Bréviaire et du Missel Romains : par là ils manquaient de l'appui que leur eût naturellement offert la communauté absolue de rites, de chants et de prières avec les autres membres de l'Église Romaine* (3).

Il faut observer que Dom Guéranger, quelques pages plus haut, venait de nous dire, que le Czar avait altéré les livres liturgiques des Catholiques Russes, et qu'après avoir pourvu la plus grande partie des Églises Grecques-unies tant des villes

(1) T. 22, p. 708, 709.
(2) T. 1, p. 257, 241, 406.
T. 2, p. 274.
(3) T. 2, p. 758.

que des campagnes, d'un Missel ainsi corrompu, il avait fait enlever les anciens par violence (1).

De bonne foi, quand les Catholiques Russes se seraient servis des Bréviaires et Missels Romains, cela aurait-il empêché le despote persécuteur de leur distribuer des Bréviaires et des Missels altérés, et de leur faire enlever par violence les Missels et les Bréviaires anciens ?

Notre auteur, qui fait de l'hérésie anti-liturgique la cause de tous les maux, trouve, comme il est naturel, la source de tous les biens dans la Liturgie orthodoxe; ainsi la bonne Liturgie pousse tous les arts à la perfection, cela doit être si leur décadence suit graduellement l'influence de l'hérésie anti-liturgique (2).

« Si la Belgique prit les armes pour résister » aux innovations de Joseph II, et préluda, sous » l'étendard de la foi, à ces glorieux efforts qui » devaient l'établir au rang des nations... » C'est que, *toujours fidèle, le voisinage de la France ne l'a jamais fait dévier du sentier Romain de la Liturgie* (3).

Si *Clément-Auguste Drost Vischering, Archevêque de Cologne, procure en Allemagne un glorieux triomphe à l'Église catholique par son courage et sa fermeté, la source de cette victoire éclatante est dans sa fidélité*

(1) T. 2, p. 734.
(2) T. 2, p. 438, 449.
(3) T. 2, p. 589.

aux principes de la Liturgie ; c'est *qu'il n'a pas voulu qu'une formule de quelques lignes dans le Rituel Romain fût prononcée sur des époux indignes du nom de Catholiques* (1). Car dans la doctrine, les mœurs, l'Église, tout s'est réfugié, concentré pour l'Allemagne, dans la question liturgique (2).

« C'est de là que l'Herménésianisme est ter-
» rassé (3).

» C'est de là que le Fébronianisme est con-
» fondu (4).

» C'est de là que le plus tonnant des anathèmes
» éclate contre les mariages mixtes (5).

» C'est de là, enfin (de ces quelques lignes du
» Rituel) que sortira l'affranchissement religieux,
» non-seulement de la Prusse et des provinces
» rhénanes; mais en général des diverses autres
» régions de l'Allemagne dans lesquelles les
» *mariages* mixtes allaient ruinant la foi, etc. (6). »

Si la grande Bretagne est au moment de revenir à la foi catholique, « nous l'affirmons tout
» d'abord, la cause principale de ce retour...
» n'est, pour ainsi dire, que le développement
» de l'élément liturgique... conservé au sein de
» l'Église établie (7). »

Qu'elle est détestable cette hérésie anti-liturgi-

(1) T. 2, p. 716, 717.
(2) *Ib.* p. 717.
(3) *Ib.*
(4) *Ib.*
(5) *Ib.*
(6) *Ib.* p. 718.
(7) *Ib.*

que, qui tarit la source de tant de biens et qui est, comme nous l'avons vu, la cause de tous les maux; or, c'est surtout l'Église de France qu'il faut en reconnaître coupable : « il était réservé à » la chrétienté occidentale de voir organiser dans » son sein la guerre la plus longue... contre l'en- » semble des actes liturgiques (1). » Mais « la » France (est), de tout l'Occident, le pays.... où » nous verrons foulés aux pieds tous les prin- » cipes admis par l'Église, en matière liturgi- que, dans tous les siècles précédents (2). »

L'Église de France est donc pire que l'Église Anglicane même, qui, toute schismatique, héré- tique, irréconciliable ennemie des Papes qu'elle est, a au moins conservé l'élément liturgique.

(1) T. 1, p. 407, ch. XIV.

(2) *Ib.* p. 457, c. XV.

IV.

EXAMEN DES REPROCHES FAITS PAR DOM GUÉRANGER AUX BRÉVIAIRES ET MISSELS DE PARIS, ADOPTÉS DANS LES TROIS QUARTS DES AUTRES DIOCÈSES.

Le premier Prélat français que Dom Guéranger accuse de l'hérésie liturgique est François de Harlay, Archevêque de Paris, et il faut voir comment il le traite. *Cet Archevêque, comme plusieurs Prélats,* faisait *une guerre opiniâtre au Saint-Siége et à ses doctrines* (1). Et ne croyez pas que cette guerre ne regardât que les principes dits ultramontains : *il est trois points sur lesquels l'École française d'alors* (par conséquent Fr. de Harlay) *n'était que trop unanime* : 1.° diminuer le culte des Saints; 2.° restreindre les marques *de dévotion envers la sainte Vierge* ; 3.° comprimer l'exercice de la puissance des Pontifes Romains (2). Aussi trouve-t-on *dans le Missel de Harlay, de honteuses et criminelles mutilations, des témérités* coupables; encore *est-on loin d'avoir signalé toutes* celles *qui paraissaient dans cette œuvre; elle renfermait en outre les plus singulières contradictions... Étrange nécessité que subira LA RÉVOLTE jusqu'à la fin,*

(1) T. 2, p. 78, ch. XVII. (2) *Ib.* p. 81, 82.

de se contredire d'autant plus grossièrement, qu'elle *se donne pour être plus conséquente à elle-même* (1).

Voilà bien l'œuvre liturgique de F. de Harlay qualifiée de RÉVOLTE, accusée de CRIMINELLES MUTILATIONS, de TÉMÉRITÉ coupable. Eh bien! qui croirait que le même Prélat se trouve, quelques pages plus haut et quelques pages plus bas, Justifié par son accusateur lui-même, presque sur tous ces chefs. « On ne peut nier, dit-il, que » l'Archevêque de Harlay n'eût le droit de tra- » vailler à la réforme du Bréviaire de son Eglise, » puisque l'Eglise de Paris s'était maintenue en » possession d'un Bréviaire particulier.

» Il ne pouvait être blâmable d'avoir rétabli » certains usages..... dont la pratique avait été » momentanément suspendue.

» Dans le cas d'une correction...., c'était une » chose louable de remplacer certaines homélies » de livres faussement attribués aux SS. Pères.

» Il était louable également de choisir dans les » monuments de la tradition, des endroits où les » saints Docteurs réfutent... les erreurs anciennes » et modernes.

» Il est vrai même de dire que le Bréviaire de » Harlay présenta dans sa rédaction un certain » nombre de passages dirigés expressément con- » tre la doctrine des cinq propositions.

(1) *Ib.* p. 100.

» Les légendes des Saints... pouvaient avoir
» besoin d'être épurées.

» Il pouvait être besoin d'ajouter quelques
» hymnes pour accroître la solennité de certaines
» fêtes (1). »

Il y a quelque chose de plus, et qui doit être d'un grand mérite aux yeux de Dom Guéranger, c'est que le Bréviaire de Harlay avait retenu un vaste ensemble du Bréviaire Romain (2).

Mais à tel point que « l'on peut dire encore
» sous l'Episcopat de François de Harlay, et sous
» celui du Cardinal de Noailles, que la Liturgie
» de Paris était et demeurait la Liturgie Romaine...
» Aussi voyons-nous le Docteur Grancolas con-
» sacrer un chapitre entier à démontrer en détail
» l'identité générale du Bréviaire de Paris avec
» le Romain (3).

Pour achever l'éloge du Bréviaire de François de Harlay, Dom Guéranger nous dit que ce Bréviaire « avait, du moins (quant au jansénisme), ré-
» sisté à l'envahissement des nouveautés, et for-
» tifié même en plusieurs endroits les dogmes
» de l'Eglise attaqués à cette époque (4). »

Je laisse à d'autres le soin de concilier ces éloges avec les accusations que nous avons vues plus haut. Il ne nous reste qu'à examiner dans

(1) T. 2, p. 78, 79.
(2) T. 2, p. 307.
(3) *Ib.* p. 100, 102.
(4) *Ib.* p. 313.

le détail les reproches faits à ce Bréviaire, dont on reconnaît cependant à peu près *l'identité presque générale avec le Romain;* ces reproches ne manquent pas.

§ I.er

Reproches faits au Bréviaire de François de Harlay.

Pour ne rien oublier, l'Abbé de Solesmes attaque d'abord le titre du Bréviaire, qui était purement et simplement celui-ci : *Breviarium Parisiense.*

« On ne lisait plus à la suite de ces deux mots, » comme dans toutes les éditions précédentes » depuis 1584, ces paroles, *ad formam Concilii* » *Tridentini restitutum*..... Certes, cette suppres- » sion.... présageait bien ce qu'on allait trouver » dans l'ouvrage (1). »

Comme je n'ai pu me procurer aucun exemplaire des Bréviaires de Paris antérieurs à celui-ci, je ne me permettrai pas de nier qu'ils portaient le titre que Dom Guéranger leur donne; mais j'en doute beaucoup. Ce qui prouverait qu'ils ne le portent pas, c'est que, dans le chapitre précédent, où cet auteur énumère les diocèses qui, depuis le Concile de Trente, adoptèrent purement et simplement le Bréviaire de saint Pie V, ou qui se contentèrent de réformer leur propre Bréviaire

(1) Inst. Lit. t. 2, p. 80.

à l'aide des livres romains, il marque avec soin ceux qui ajoutèrent au titre, la clause : *ad Romani formam*, ou *ex decreto Concilii Tridentini*. Or, quand il s'agit du Bréviaire de Paris, il dit que l'on ne fit qu'épurer les anciens livres à l'aide de ceux de saint Pie V, sans dire un mot de la clause en question (1).

Ensuite, après quelques reproches vagues de changements (2), l'Abbé de Solesmes en vient aux détails ; écoutons-le.

« L'Office presque entier de la sainte Trinité » avait été réformé (3). »

Toutes les leçons sont les mêmes ; les hymnes sont sans comparaison plus belles dans le Parisien ; nous parlerons ailleurs du choix des antiennes.

« Les leçons de l'octave du saint Sacrement, si » belles dans le Romain, avaient été remplacées » par d'autres (4). »

On en a conservé plusieurs du Romain, particulièrement celles qui servent à prouver par la tradition des saints Pères, la présence réelle de Notre-Seigneur dans l'Eucharistie. Celles qu'on a remplacées par d'autres, renfermaient, il est vrai, des leçons de piété, et on a mis à la place

(1) Instit. Lit. t. 1, p. 469. La clause, *ad formam Concilii Tridentini*, a été sur le frontispice du Bréviaire de Paris depuis 1607, comme Grancolas le rapporte, et non depuis 1584. Elle a subsisté, au moins dans les Missels, jusqu'en 1666. (*Notes données par M. C**.*)

(2) *Ib.* t. 2, p. 80.

(3) *Ib.*

(4) *Ib.*

d'autres textes des Pères qui font un ensemble de preuves accablantes contre les hérétiques modernes.

Il est vrai que Dom Guéranger ne trouve pas cela fort bon.

« Étranges préoccupations, dit-il, de considérer » les Bréviaires comme un arsenal de contro- » verse, un supplément aux traités qu'on étudie » dans l'école (1). »

Mais quoi de plus utile que de faciliter aux Ecclésiastiques la connaissance des saints Pères, par lesquels on peut combattre victorieusement l'hérésie ?

Du reste, ici Dom Guéranger me paraît tomber en contradiction avec lui-même, puisqu'il trouve mauvais que les Bréviaires renferment ces beaux monuments de la tradition; tandis qu'ailleurs, il reproche aux rédacteurs d'avoir voulu n'employer dans les Offices que les paroles de la sainte Ecriture, pour abandonner, comme Luther, la tradition.

« Si l'on demande, dit-il, à quelles sources » avaient été puisées ces modernes formules; » (ne dirait-on pas que la source en est mauvaise?..) » on trouvera que des phrases de l'Ecriture sainte » en avaient exclusivement fait les frais. Les pa- » roles consacrées par la tradition avaient dû cé- » der la place *à ces centons bibliques* (expression

(1) Inst. Lit. t. 2, p. 85.

» bien inconvenante), choisis par des mains suspectes (1). » Plus bas il attribue formellement aux rédacteurs des Bréviaires, et par là aux Evêques qui les ont approuvés, l'intention hérétique de Luther, d'exclure la tradition.

« C'est aussi, dit l'Abbé de Solesmes, le principe de Luther dans sa Réforme liturgique, » quand il disait : Nous ne blâmons pas ceux qui » voudront retenir les introïts des Apôtres, de » la Vierge et des autres Saints, lorsque *ces trois* » *introïts sont tirés des Psaumes et autres endroits* » *de l'Ecriture* (2). » Il venait de dire : « Nous ne » saurions nous empêcher de protester énergi» quement contre *cette* maxime protestante (3). »

On ne pouvait pas intenter une accusation plus injuste. Il prétend que François de Harlay, dans la préface de son Bréviaire, a avoué en partie cette intention. « Maxime protestante, dit-il, qu'on » n'avait pas osé avouer tout entière dans la » préface du Bréviaire (4). » On l'avait donc avouée en partie.

Veut-on voir comment? Ecoutons François de Harlay dans cette même préface : « Ce que nous » avons, dit-il, ajouté, a été tiré, ou des écri» vains les plus recommandables, la plupart con» temporains ou à peu près des événements qui

(1) Inst. Lit. t. 2, p. 81.
(2) *Ib.* p. 94, 95.
(3) *Ib.* p. 94.
(4) *Ib.*

» sont rapportés, ou des sources les plus pures » de l'antique tradition, savoir, des écrits les plus » authentiques des saints Pères, préférant même » les plus anciens, ou enfin, et surtout, des ora- » cles sacrés de la Sainte Ecriture (1). »

La maxime protestante, que l'on ne veut se servir que de l'Ecriture et qu'on rejette la tradition, est-elle ici le moins du monde avouée? n'est-elle pas au contraire manifestement combattue? Et qui pourrait croire *qu'elle eût été énoncée dans la préface du Missel*, comme ose le dire Dom Guéranger? les paroles qu'il en cite fussent-elles fidèlement rapportées, sont bien loin de contenir une semblable hérésie.

Mais allons au fait : Y a-t-il au monde un Bréviaire où l'autorité de la tradition soit plus expressément reconnue et les monuments traditionnels plus multipliés que dans le Bréviaire de Paris, même dans celui donné par Charles de Vintimille?

J'y trouve, dans l'Office du Commun des Apô-

(1) *Quæ verò addita sunt, ea prorsùs fuêre deprompta aut ex scriptoribus melioris notæ, atque iis plerumquè coætaneis vel saltem supparibus rerum quæ referuntur historicis, aut ex purissimis priscæ traditionis fontibus, genuinis nimirùm atque indubitatis SS. Patrum, quin et antiquissimorum operibus, aut denique, illudque, maximè, ex sanctioribus Scripturæ sacræ oraculis*, Francisc. Arch. de clero Parisiensi, *etc.*

tres, ce texte de l'Ecriture, un des plus décisifs en faveur de la tradition : *Demeurez fermes, et conservez les traditions que vous avez apprises de nous, soit de vive voix, soit par notre lettre* (1).

Peut-on relever mieux l'autorité de la tradition que ne le fait cette hymne du Commun des Docteurs, où il est dit, en parlant des Pères de l'Eglise :

Hi semper vigilant, ne quid adulterum
Corrumpat fidei virgineum decus ;
Lædi vel leviter non patitur fides,
His custodibus integra.

Patrum canitiem, tot venerabiles
Rugas objiciunt, undè nitet fides :
Quæ sunt prisca, docent ; quæ nova, subruunt :
Servant depositum Dei.

Le Bréviaire de Toulouse, donné par M. de Brienne, et que Dom Guéranger traite plus mal encore que celui de Paris, est au moins aussi décisif pour la tradition ; il a le même canon et les mêmes hymnes que nous venons de citer, et de plus celle où sont les strophes suivantes :

Lux lucis et fons luminis,
A quo dies hic nascitur,
Quàm digniori lumine
Lucere das Ecclesiam !

(1) 2.de Thess. II. 14.

Sanctis eam Doctoribus
Indesinenter instruens,
Quibus tenebris quæritat
Error latere, detegis.

His stat fides, his veritas
Intaminata permanet;
Ab hisque, quam nos vis sequi,
Doctrina sana traditur (1).

Quelle richesse encore sous le rapport de la tradition, que les canons de Prime, au nombre de quatre cents environ, tous tirés des Pères et des Conciles, et que tout Ecclésiastique, tenu à la récitation de l'Office, est obligé de lire une fois chaque année!

Je ne peux m'empêcher de citer un autre fait qui doit confondre quiconque voudrait encore accuser les auteurs du Bréviaire d'avoir été ennemis de la tradition. Qui pourrait croire à cette accusation, quand on sait que les rédacteurs ont mis pour légende à l'Office de saint Clet, Pape et Martyr (au 26 avril), le beau texte où saint Irénée proclame si éloquemment l'autorité de la tradition des plus anciennes Eglises, surtout celle de l'Eglise Romaine, à laquelle toutes les Eglises et tous les fidèles répandus dans l'univers doivent recourir à raison de sa primauté et de son autorité; *ad hanc enim Ecclesiam, prop-*

(1) Com. Doct. ad II Vesperas.

ter potentiorem principalitatem, necesse est omnem convenire Ecclesiam, hoc est eos qui sunt undiquè fideles. Une chose très-remarquable, c'est que le passage de saint Irénée, si décisif en faveur de l'Eglise Romaine et de la tradition, ne se trouve ni dans le Bréviaire Romain, ni dans les Bréviaires de Paris antérieurs à celui de Ch. de Vintimille. Ce sont les rédacteurs de ce dernier Bréviaire qui l'y ont inséré. Revenons à l'examen des reproches de détail.

« Les correcteurs du Bréviaire déshéritèrent
» l'Eglise de Paris de sa vieille gloire, d'être fille
» de saint Denys l'Aréopagite; ils portèrent leur
» main audacieuse sur le fameux prodige qui
» suivit la décollation du saint fondateur de leur
» propre Eglise (1). »

Je sais que des auteurs graves soutiennent que le premier Evêque de Paris a été saint Denys l'Aréopagite; mais l'opinion contraire a prévalu. Dom Guéranger convient que *les légendes des Saints propres au Bréviaire de Paris pouvaient avoir besoin d'être épurées* (2). On a cru devoir épurer celle-là; Dom Guéranger le pense autrement : la question est de savoir qui a raison.

Je fais la même réponse aux questions semblables, par exemple à celle de savoir si Marie, sœur de Lazare, était la femme pécheresse dont parle

(1) Inst. Lit. t. 2, p. 84. (2) *Ib.* p. 79.

saint Luc ; il me semble difficile de le croire d'après le texte de l'Evangile.

Quant au *fameux prodige qui suivit la décollation* de saint Denys, qui, d'après l'ancienne légende, porta sa tête, en faisant quelques pas, après qu'on la lui eut coupée, j'en demande pardon à Dom Guéranger ; mais il ne fait pas ici preuve d'une saine critique : on peut dire que personne n'admet ce fait comme probable. Les partisans mêmes de l'*Aréopagitisme*, c'est l'expression de Dom Guéranger, ne se sont pas mis en peine de le défendre. Hilduin est le premier, et peut-être le seul, qui l'ait sérieusement rapporté. L'auteur de l'*Histoire* de l'Eglise Gallicane, que l'Abbé de Solesmes ne doit pas suspecter, traite ce miracle de tradition populaire, qui a pu venir de ce que les peintres représentent quelquefois les martyrs qui ont été décapités, portant leur tête entre leurs mains (1).

Notre auteur passe ensuite au culte de la sainte Vierge. « Nous voyons, dit-il, qu'il avait » été grandement diminué (2). On avait supprimé » les bénédictions de l'Office *de Beata* qui étaient » propres à l'Eglise de Paris (3). »

Pour connaître la vérité de ceci, de même que de tous les changements que l'on dit avoir été

(1) Hist. de l'Egl. Gallicane, t. 1, liv. 1, p. 104, note.

(2) Inst. Lit. t. 2, p. 86.

(3) *Ib.*

faits dans le Bréviaire nouveau, il faudrait avoir sous les yeux un exemplaire des Bréviaires antérieurs, et je n'ai pu m'en procurer aucun.

Du reste, cette allégation n'a, à mes yeux, aucune vraisemblance. Dans le Bréviaire de Harlay, je trouve pour deuxième bénédiction de l'Office *de Beata in sabbato*, celle-ci qui est toute en l'honneur de la sainte Vierge, *Alma Virgo virginum intercedat pro nobis ad Dominum;* les trois bénédictions du petit Office sont toutes à la louange de la Mère de Dieu : quel motif aurait pu engager à faire le changement dont on parle?

Dans le Bréviaire de Vintimille, on dit aux Offices de la sainte Vierge, les mêmes bénédictions que pour les fêtes des Saints. Le Bréviaire de Toulouse (1) a des bénédictions particulières pour tous les Offices de la sainte Vierge; elles ont été adoptées dans celui de Paris de 1828.

« Les capitules du même Office, dans lesquels
» l'Eglise Romaine applique à Marie plusieurs
» passages des livres sapientiaux, qui ont rapport
» à la divine Sagesse, avaient été sacrifiés (2). »

Ces capitules étaient donc propres au Bréviaire Romain. Pourquoi voudrait-on que le Bréviaire

(1) Je cite quelquefois ce Bréviaire; parce qu'on l'a traité fort mal dans une feuille publique, que Dom Guéranger l'attaque quelque part : tandis qu'il donne moins lieu aux reproches, que celui de Ch. de Vintimille, et que c'est d'ailleurs le Bréviaire de mon Diocèse.

(2) Inst. Lit. t. 2, p. 86.

de Paris eût abandonné ses propres capitules tirés des Prophètes, et qui annoncent les grandeurs de la sainte Vierge, pour prendre ceux du Romain, fort beaux, je l'avoue, mais qui ne s'appliquent à Marie que dans un sens *accommodatif?* Ce qui est remarquable, c'est que nous verrons Dom Guéranger blâmer les rédacteurs du Bréviaire Parisien, de l'emploi de l'Ecriture dans ce même sens.

« Le Bréviaire de Paris ne contenait plus cette » antienne formidable à tous les sectaires : *Gaude,* » *Maria Virgo, cunctas hæreses interemisti;* ni cette » autre : *Dignare*, etc., etc. (1). »

Il faut toujours en venir à savoir si ces antiennes étaient dans l'ancien Bréviaire Parisien ; et quand cela serait, il y aurait encore à examiner si elles n'ont pas été remplacées par des textes de l'Ecriture au moins aussi expressifs.

« Mais on ne s'était pas arrêté là : le Bréviaire » de Paris..... fournira désormais des armes contre » la vérité de la glorieuse Assomption de Marie; » car pourquoi avoir retranché ces belles paroles » de saint Jean Damascène dans la sixième leçon : » *Hanc autem verè beatam*, etc. (2). »

Que Dom Guéranger se rassure : le Bréviaire de Harlay a des leçons du même Saint qui disent l'équivalent en ces termes : *Si tamen sanctissimum ac vitalem ipsius somnum mortem appellare fas est:*

(1) Inst. Lit. t. 2, p. 86. (2) *Ib.* p. 86, 87.

nam quæ veram vitam cunctis protulit, qui tandem mortem degustare aut ei obnoxia esse queat?

Un prélat Italien, très-peu favorable aux Français, faisait au Bréviaire de Paris un reproche tout opposé; et il remarquait que l'on était allé plus loin que Rome, en faveur de l'Assomption de la sainte Vierge, en ce que l'oraison de cette fête dans le Bréviaire Romain ne dit pas un mot de l'Assomption de la sainte Vierge; tandis que l'oraison du Bréviaire de Paris dit expressément que la Mère de Dieu, tout en subissant la mort, n'a pu être retenue dans ses liens : *In qua sancta Dei genitrix mortem subiit temporalem, nec tamen mortis nexibus deprimi potuit, quæ Filium tuum*, etc. Il est assez clair que l'Eglise enseigne moins expressément le fait de la résurrection de Marie en rapportant le texte d'un saint Père qui le suppose ou le raconte, qu'en l'affirmant elle-même.

« Pourquoi, le quatrième jour dans l'octave, » avoir retranché les trois leçons dans lesquelles » le même saint Jean Damascène raconte la grande » scène de la mort et de l'Assomption corporelle » de la Mère du Sauveur (1)? » Il y a une réponse fort simple à faire; c'est que ce jour-là l'Eglise de Paris a pour leçons du deuxième Nocturne, le récit de la victoire de Philippe le Bel, qu'elle

(1) Inst. Lit. t. 2, p. 87.

attribue, avec ce Roi vainqueur, à la protection de la sainte Vierge, et dont elle lui rend grâce.

On peut penser encore que les rédacteurs du Bréviaire n'ont pas jugé les faits racontés par saint Jean Damascène assez authentiques, pour les consigner dans la Liturgie. Benoît XIV, qui les a discutés avec soin, n'a voulu rien affirmer à cet égard : *Nos in utraque controversia, tum de anno, tum de loco quo obiit B. Virgo, nullius partes sequimur* (1).

Voici une accusation plus sérieuse, mais qui repose sur un fait absolument faux.

« On avait supprimé le bel Office de la Visitation en masse (2). »

On n'a qu'à ouvrir le Bréviaire de Fr. de Harlay, et même celui de Charles de Vintimille, et on y trouvera, au 2 juillet, l'Office de la Visitation de la très-sainte Vierge *en masse*, du rit double majeur, avec ses belles hymnes, ses neuf leçons, ses antiennes propres. Dans le Bréviaire de Vintimille, il y a une hymne de plus, ce qui prouve que l'on n'était pas devenu plus hostile au culte de la sainte Vierge (3).

(1) *De festis*, tom. 2, part. 2, n.° 119.

(2) Inst. Lit. t. 2, p. 87.

(3) Ce qu'il y a de fort extraordinaire, c'est que dans un article inséré par Dom Guéranger dans le *Mémorial Catholique*, il reconnaît si bien que l'Office de la Visitation n'a pas été supprimé, qu'il blâme le changement qu'on y a fait de l'Oraison (*). L'article n'est pas signé; mais Dom Guéranger ne le reniera pas.

(*) Mém. Cath. nouv. livrais. du t. 1, 1.er avril 1830, p. 258.

Dom Guéranger n'accuse pas la commission du Bréviaire d'avoir *supprimé en masse* l'Office de l'*Annonciation de la sainte Vierge;* mais il lui fait un crime, presque aussi grand, d'avoir changé seulement le titre de cette fête. « Dans la » plupart des Eglises de l'Occident comme de » l'Orient, la solennité du 25 mars était appelée » l'*Annonciation de la sainte Vierge;* par quoi l'E- » glise voulait témoigner de sa foi et de sa recon- » naissance envers celle qui prêta son consente- » ment pour le grand mystère de l'Incarnation » du Verbe. La commission osa s'opposer à cette » manifestation de la foi et de la reconnaissan- » ce..... et décréta que cette fête serait désormais » et exclusivement une fête de Notre-Seigneur, » sous le titre : *Annuntiatio Dominica* (1). »

Nous verrons plus tard, que, d'après Dom Guéranger lui-même, la commission qu'il accuse de cette intention impie, était composée presque en entier d'hommes savants et respectables, qui ne pouvaient vouloir *s'opposer à la manifestation de la foi et de la reconnaissance* envers la mère de Dieu.

Le seul mot *Annonciation* rappelle nécessairement la Vierge *pleine de grâces* à qui le grand mystère de l'Incarnation du Fils de Dieu fut annoncé.

Comment Dom Guéranger peut-il imputer à

(1) Inst. Lit. t. 2, p. 87.

la commission d'avoir par ce seul titre décrété que *cette fête serait désormais* EXCLUSIVEMENT *une fête de Notre-Seigneur?* Tandis, surtout, que l'Office tout entier, les capitules, les hymnes, les versets, l'invitatoire, les leçons, les répons, tout enfin est en l'honneur de la sainte Vierge; partout il y est parlé de sa virginité et de sa maternité divine : et on vient nous dire qu'on a voulu *l'exclure* de cette fête!

Dans le Bréviaire de Vintimille, on donne une plus grande part au mystère de l'Incarnation; cependant une très-grande partie de l'Office est encore consacrée à la Mère de Dieu. Dans le canon de Prime, on appelle expressément cette fête, la solennité de la sainte Vierge; *cur non festivitas gloriosæ Matris ejus* (Verbi) *eadem observantia, uno simul ubique die, similique habeatur honore?*

Il me semble que le titre d'ANNONCIATION DU SEIGNEUR, dit plus encore à la gloire de la sainte Vierge, que le simple titre d'ANNONCIATION DE LA SAINTE VIERGE. Dans le premier, il est vrai, on ne la nomme pas; mais on exprime le mystère qui fait toute sa grandeur. Dans le second on la nomme; mais on n'exprime pas le mystère.

Le Bréviaire de Paris de 1828, porte : *la fête de l'Annonciation et de l'Incarnation du Seigneur.*

Celui de Toulouse concilie tout par ce titre : *l'Annonciation de l'Incarnation du Seigneur à la B. Vierge Marie.*

Qu'on nous accuse encore, après cela, d'avoir voulu empêcher la *manifestation de la foi et de la reconnaissance envers la sainte Vierge !*

Tels sont les reproches faits au Bréviaire de Fr. de Harlay pour prouver qu'on a voulu diminuer la dévotion à la sainte Vierge. Dom Guéranger passe ensuite à ce qui regarde l'autorité du Pontife Romain (1).

« D'abord, dit-il, François de Harlay décréta » que la fête de saint Pierre serait descendue au » rang des fêtes solennelles mineures (2). »

Si, dans le Bréviaire antérieur, cette fête avait été en effet du rit solennel majeur, je ne chercherais pas à excuser le changement; mais il n'en est pas ainsi, le Missel de 1634 la met double tout court. Celui de 1666, et le cérémonial de 1662 lui donnent le degré de *duplex 2.ae classis* (3), ce qui revient au *solennel mineur.*

Dans le Bréviaire de 1828, elle a été élevée au rit solennel majeur; il en a été de même dans le Bréviaire de Toulouse.

« Les légendes qui racontaient les actes d'au- » torité des Pontifes Romains dans l'antiquité, » furent modifiées d'une manière captieuse..... » Nous n'en citerons qu'un exemple entre vingt; » c'est dans l'Office de saint Basile. Il y est dit de

(1) Inst. Lit. t. 2, p. 87.
(2) *Ib.*
(3) Note de M. C.**

» ce Saint : *Egit apud sanctum Athanasium et alios*
» *Orientis Episcopos ut auxilium ipsi ab Occiden-*
» *talibus Episcopis postularent* (1). »

Voilà qui est bien positif. ON A MODIFIÉ CAPTIEUSEMENT, dans l'intention d'affaiblir l'autorité du Saint-Siége, la légende de saint Basile. Mais quelle est cette légende qu'on a modifiée ? Est-ce celle du Bréviaire Romain ? Elle ne fait aucune mention du recours des Evêques d'Orient au Saint-Siége. Sont-ce les monuments anciens d'où le fait est tiré, qui ont été modifiés, altérés par les correcteurs du Bréviaire de Paris ? Du tout ; le monument où l'on a pris ce fait, c'est la lettre même où saint Basile dit à saint Athanase, qu'il faudrait recourir aux Evêques d'Occident. Or la légende du Bréviaire de Paris rend très-fidèlement le texte de la lettre de saint Basile. L'Eglise d'Orient étant persécutée par Valens Empereur Arien, ce grand Evêque écrit à saint Athanase, qu'il ne sait qu'un moyen de soutenir la foi attaquée, qui est d'exposer les maux dont ils sont accablés, aux Evêques d'Occident, afin que ceux-ci viennent à leur secours. Voici les propres paroles de saint Basile : *Dudùm novi... unam esse Ecclesiis nostris viam, si nobiscum conspirent Occidentales Episcopi.. Mitte aliquos ex sancta tua Ecclesia viros in sana doctrina potentes ad*

(1) Inst. Lit. t. 2, p. 88.

Occidentales Episcopos : expone illis calamitates quibus premimur (1).

Où est donc l'altération de la lettre de saint Basile ? L'Abbé de Solesmes voudrait-il blâmer les correcteurs de l'avoir rendue fidèlement ? C'est en vain qu'il nous parle d'*appel*, lequel ne pouvait avoir lieu qu'autant que c'était au Saint-Siége qu'on avait recours. Il ne s'agit pas ici d'*appel* : l'affaire avait été jugée par le Concile de Nicée ; c'est l'unité de doctrine entre les Evêques de l'Occident et de l'Orient, que l'on veut opposer aux Ariens, et à Valens qui les soutenait ; saint Basile le dit expressément (2).

Il y a d'ailleurs une réflexion bien simple à faire, pour justifier les auteurs de la légende. Qui les obligeait de rapporter un fait, dont il n'est pas question dans le Bréviaire Romain, et qui est favorable à l'autorité du Saint-Siége ? Ils n'avaient qu'à le passer sous silence.

Dom Guéranger a donc calomnié ici les rédacteurs du Bréviaire. Il les calomnie encore, quand il cite les légendes de *saint Athanase* et de *saint Etienne* comme ayant été altérées, toujours dans

(1) S. Basil. epist. 66, edit. Bened. t. 3, p. 159.—Epist. 48, t. 2, edit. Frontonis, an 1638.

(2) *Si voluerint illi (Episcopi occidentales)... fortè fiet aliquid quod proderit communiter omnibus. Undè et qui rerum potiuntur multitudinis auctoritate commoveantur, et populi quaquaversùm illos sine contradictione sequantur.* S. Basil. Epist. 48, ad Athan. edit. Frontonis, 1638, t. 2, p. 76.

la même intention d'affaiblir l'autorité du Saint-Siége (1).

La légende de saint Athanase, du Bréviaire Parisien, en dit plus en faveur de cette autorité, que celle du Bréviaire Romain. Le Bréviaire Romain dit seulement que ce Saint fut souvent rétabli dans son Siége par l'autorité de Jules, Pontife de Rome, par la protection de l'Empereur Constant, et par les décrets des Conciles de Sardique et de Jérusalem: *Sæpè è sua Ecclesia ejectus, sæpè etiam in eamdem, et Julii Romani Pontificis auctoritate, et Constantis Imperatoris patrociniis, decretis quoque Concilii Sardicensis, ac Jerosolymitani restitutus est.*

Le Bréviaire de Paris dit, de plus, que les ennemis de Saint Athanase l'accusèrent auprès du Pape Jules; ce qui montre que les Orientaux reconnaissaient l'autorité du Pontife de Rome: *Ab inimicis, tam apud Julium Papam, quàm apud Constantium Imperatorem, est impetitus.* On ajoute que le Pape Jules le déclara innocent dans un Concile de cinquante Evêques: *A Julio Papa in Synodo quinquaginta Episcoporum innocens declaratus*, etc. Où est donc cette altération qui tend à diminuer l'autorité du Pape dans la légende de saint Athanase?

Quant à la légende de saint Etienne, le Bréviaire Parisien y dit les mêmes choses que le Romain sur la controverse relative au baptême des

(1) Inst. Lit. t. 2, p. 88.

hérétiques. Il rapporte ce mot si concis par lequel le Pape décida la question : *Nihil innovetur nisi quod traditum est.*

Il est vrai que l'on y fait mention de la fraude par laquelle Basilide, Evêque d'Espagne, qui avait été déposé dans un Concile pour cause d'idolâtrie, parvint à être rétabli par le Pape Etienne; mais ceci ne nuit en rien à l'autorité du Saint-Siége; le recours de Basilide au Pape prouve au contraire cette autorité. Il faut en dire autant de ce qui est rapporté dans la même légende, que Marcien Evêque d'Arles s'étant joint au parti des Novatiens, Faustin de Lyon, et ensuite saint Cyprien, en donnèrent avis à saint Etienne, et lui conseillèrent d'adresser des lettres aux Evêques de la province et au peuple d'Arles, pour que l'on rejetât Marcien, et qu'un autre fût mis à sa place : *His* (Novatianis) *cùm se Marcianus Arelatensis adjunxisset, Stephanus primùm à Faustino Lugdunensi, subindè à sancto Cypriano monitus est in hunc modum : dirigantur in provinciam et ad plebem Arelate consistentem à te litteræ, quibus, abstento Marciano, alius in loco ejus substituatur.*

Ce récit confirme parfaitement, au lieu de l'attaquer, l'autorité de l'Eglise Romaine.

Dans tous les cas, il faudrait vérifier si cette légende n'était pas dans les anciens Bréviaires de Paris.

« L'esprit qui animait l'Archevêque de Harlay

» parut surtout dans la suppression de deux piè-
» ces. La première est le fameux répons de saint
» Pierre, où on lisait ces paroles : *Tibi tradidit*
» *Deus omnia regna mundi* (1). »

Ce répons était-il dans le Bréviaire antérieur? Je l'ignore. Dans ce cas même, une raison assez simple de ne pas l'y conserver, était la règle qu'on s'était faite, de n'employer que des paroles de l'Écriture dans ces parties de l'office.

Si l'on veut prendre littéralement les paroles citées, il faut dire que, même sous le rapport temporel, le souverain Pontife est le roi universel du monde : était-il sage de susciter en France des disputes à cet égard?

« La seconde (pièce) est une antienne... où
» on loue (les saints Papes) de n'avoir pas
» craint les puissances de la terre : *Dùm esset*
» *summus Pontifex, terrena non metuit, sed ad*
» *cœlestia regna migravit* (2).

Il faut vouloir tout blâmer pour faire un pareil reproche.

D'ailleurs Dom Guéranger altère le texte; *terrena* ne signifie pas *les puissances*, mais *tous les maux que l'on peut craindre sur la terre*.

« Nous ne pouvons nous dispenser de men-
» tionner deux changements, dont les motifs nous
» paraissent du moins inexplicables... Le public

(1) Inst. Lit. t. 2, p. 88. (2) *Ib.* p. 89.

» se demanda donc par quel motif François de » Harlay avait retranché dans l'hymne du di» manche à Matines..... les strophes suivantes, » *Jam nunc*, etc. (1). »

Ce reproche est si mal fondé, que je me dispenserai d'y répondre : à coup sûr le public ne s'occupa guère du retranchement.

Après la critique du Bréviaire, l'Abbé de Solesmes attaque le Missel.

« François de Harlay (en ne voulant composer » les introïts que des paroles de l'Ecriture) expulsa » de l'Antiphonaire grégorien toutes ces formules » solennelles, touchantes, poétiques, mysté» rieuses, dogmatiques (2). »

Nous avons déjà répondu au reproche de n'employer que les textes de l'Ecriture.

« Ainsi tombèrent ces introïts qui avaient, il » est vrai, déjà été interdits par Martin Luther, » tels que celui de la sainte Vierge : *Salve sancta* » *parens*, etc. (3). »

Je ne veux pas me donner le tort que Dom Guéranger s'est donné, en critiquant des formules de prières consacrées par l'Eglise; mais on peut dire que cet introït n'est pas de ceux que l'on peut appeler touchants et poétiques. Il est tiré du *Carmen paschale* de Sédulius, poëte chrétien, mort en 430.

(1) Inst. Lit. t. 2, p. 91.
(2) *Ib.* p. 95.
(3) *Ib.*

Cet introït est répété dans plusieurs Messes de la sainte Vierge. Ceux qu'on a mis à la place dans le Bréviaire de Paris, sont au moins aussi touchants, aussi poétiques et aussi mystérieux ; à moins qu'on ne refuse ces qualités aux Psaumes de David, et à ce beau Cantique où la sainte Vierge inspirée de Dieu raconte les grandes œuvres que le bras du Tout-Puissant a opérées en elle.

« Et cet autre, de l'Assomption, *Gaudeamus » omnes in Domino*, etc. (1). »

Cet introït ne dit rien de spécial pour la fête de l'Assomption ; il peut aller à toutes les solennités de la sainte Vierge, en changeant seulement le nom de la fête. On en a fait l'introït de la fête du saint Cœur de Marie, de Notre-Dame de la Merci au 24 septembre, et même de la Toussaint. Nous avons en effet à nous réjouir aussi du triomphe des Saints, et les saints Anges ne cessent d'en louer le Seigneur.

On ne peut comparer, pour la beauté, cet introït avec celui du Missel Parisien, qui est tiré d'un des Psaumes les plus poétiques et les plus sublimes, qui de plus s'applique parfaitement à Marie. Il la montre comme une reine placée à la droite de Jésus-Christ au-dessus de tous les habitants des cieux : *Astitit regina à dextris tuis*, etc. On y présente une foule de vierges qui marchent

(1) Inst. Lit. t. 2, p. 95.

sur les traces de Marie, pleines de joie et d'allégresse : *Afferentur tibi virgines post eam*, etc.

« (Ainsi disparut) le verset alleluiatique,
» *Dulce lignum, dulces clavos*, des fêtes de la sainte
» Croix (1). »

On le chante le vendredi saint pour l'adoration de la Croix. Celui qui a été mis dans le Missel Parisien, à la Messe du 3 mai, est moins affectueux, j'en conviens; mais il dit beaucoup plus sur la vertu de la Croix : *Crucifixus est ex infirmitate, sed vivit ex virtute Dei*. J'en dis autant de celui du 14 septembre : *Benedictum est lignum per quod fit justitia*.

« Celui de saint Laurent, où l'on dit : *Per
» signum Crucis cæcos illuminavit*, etc. » Il est remplacé dans le Missel Parisien par ces paroles du Psaume : *Tanquàm prodigium factùs sum multis*, etc. Peut-être aussi que le fait de ces aveugles à qui saint Laurent aurait rendu la vue, est peu certain : les Vies des Pères et des Martyrs, traduites par Godescard, n'en disent rien.

« Ceux de saint Michel : *Sancte Michael Archan-
» gele, defende nos in prælio, ut non pereamus in
» tremendo judicio.* » Je crois que celui du Parisien, qui est tiré des Psaumes, vaut tout autant : *In conspectu angelorum psallam tibi ; adorabo ad templum sanctum tuum*, etc.

(1) Inst. Lit., t. 2, p. 95.

L'autre, *Concussum est mare*, etc., qui est à la fête de l'Apparition de saint Michel, n'a pas pu être conservé; attendu que dans le Parisien on ne fait pas cet Office.

» Celui de saint François d'Assise, *Franciscus,* » *pauper et humilis*, etc. » L'introït du Parisien fait allusion au détachement de saint François, qui quitta son père, sa mère, pour s'attacher à Dieu; et le verset alleluiatique explique parfaitement cette pensée : *Tu es spes mea, Domine*, etc.

« Celui de saint Martin, *Beatus vir sanctus Marti-* » *nus requievit; quem susceperunt Angeli*, etc. (1).» Je ne conçois pas que l'Abbé de Solesmes préfère ce verset qui peut convenir à tous les Saints, à celui-ci, qui rappelle si bien la charité de saint Martin : *Beatus qui intelligit super egenum*, etc.

« Dans les Messes de la sainte Vierge, tant » celles du samedi que celles des solennités pro- » prement dites, le Missel de 1684 sacrifiait » impitoyablement le beau et mélodieux graduel : » *Benedicta et venerabilis es, Virgo Maria, quæ sine* » *tactu pudoris inventa es Mater Salvatoris* (2). »

Le graduel du Parisien : *Fecit mihi magna qui potens est, et sanctum nomen ejus* (3), est beaucoup plus beau.

« Les versets alleluiatiques : *Virgo Jesse floruit;* » *Virgo Deum et hominem genuit; pacem Deus*

(1) Inst. Lit. t. 2, p. 95.
(2) *Ib.* p. 96.
(3) Miss. P. *de B. in sabbato à Pent. ad Adv.*

» *reddidit in se reconcilians ima summis*, etc. (1). »

Celui de Paris (2) ne lui cède en rien : *Filius tuus vivit et ipse dominatur in omni terrâ Ægypti... exue te stolâ luctûs, et indue te decore, et honore gloriæ* (3).

« *Felix es, sacra Virgo Maria*, etc (4). »

Ce Verset est au graduel de la Messe de la Nativité de la sainte Vierge. Il est remplacé, dans le Missel Parisien, par celui-ci : *Laudate Dominum Deum nostrum qui in me ancilla sua adimplevit misericordiam suam quam promisit domui Israel*, ce qui fait un ensemble parfait avec les deux versets précédents, dont le premier renferme la promesse d'un fils qui sera béni du Seigneur, et le second applique à Marie cette promesse, par ces paroles de l'Ange : *Hic erit magnus, et Filius Altissimi vocabitur.*

« *Senex puerum portabat, puer autem senem regebat* (5). »

Ce verset se trouve au graduel de la fête de la Purification. Je ne comprends pas qu'on puisse le préférer à celui-ci, qui est tiré d'Isaïe, et qui regarde directement le Sauveur : *Exulta et lauda, habitatio Sion; quia magnus in medio tuî Sanctus Israel.*

(1) Miss. R. *de B. in sabb. à Pasch. ad Pent.*

(2) Miss. Paris. *de B. M. in sabb. à Præsentat. ad Quinq.*

(3) Miss. Paris. *de B. M. in sabb. Temp. Pasch.*

(4) Inst. Lit. t. 2, p. 96.

(5) *Ib.*

« *Assumpta est Maria in cœlum; gaudet exer-*
» *citus angelorum* (1). »

Dom Guéranger continue de faire preuve d'un mauvais goût, et nous oblige de redire sans cesse la même chose. Comment, en effet, peut-il préférer ce verset, *Assumpta est*, etc. qui n'est qu'une répétition de ces mots de l'introït, *de cujus assumptione gaudent angeli*, à celui du Parisien : *Posuit rex diadema in caput ejus* ; magnifique complément de l'introït : *Astitit regina à dextris tuis, Deus?*

Je crois inutile de faire le même examen des autres traits, offertoires, communions, répétés dans plusieurs Messes votives *de Beata in sabbato*, et dont l'Abbé de Solesmes déplore le changement. Après cela, il en vient aux Saints.

« Croirait-on, dit-il, que le zèle de l'Ecriture
» sainte animait François de Harlay jusqu'au point
» de lui faire sacrifier la belle communion de
» saint Ignace... *Frumentum Christi sum*, etc. (2)? »
Il est vrai que ces paroles sont fort belles; elles expriment le désir héroïque de saint Ignace, d'être moulu par les dents des bêtes pour Jésus-Christ. Mais est-ce que ces belles paroles ne pouvaient être placées que dans la prière de la communion? Fr. de Harlay les avait fidèlement conservées dans la légende du Saint. S'il n'en avait

(1) Inst Lit. t. 2, p. 96. (2) *Ib.*

pas fait la prière de la communion, pour ne pas déroger au principe d'y employer toujours des passages de l'Ecriture, il les avait remplacées par ce beau texte de saint Paul, bien digne d'être mis dans la bouche d'un Saint qui désirait ardemment le martyre : *Mihi vivere Christus est, et mori lucrum.*

Cette messe de saint Ignace renferme plusieurs autres textes sacrés qui se rapportent parfaitement à la manière dont il a souffert. Dans l'oraison secrète, l'Eglise demande pour nous à Dieu, la même grâce que le Saint demandait pour lui-même, et avec les mêmes expressions que Dom Guéranger regrette de ne pas trouver dans la communion ; *ut qui per fidem frumentum tuum sumus, per patientiam in tribulationibus, mundus in Christo panis effecti, in altari tuo unà cum ipso mereamur offerri.*

Suivent ici plusieurs reproches de l'Abbé de Solesmes auxquels nous avons déjà répondu.

Enfin, parlant toujours de François de Harlay avec cette indécence qu'il emploie envers d'autres prélats, il déclare *être bien loin d'avoir signalé toutes* LES TÉMÉRITÉS, *qui paraissaient dans cette œuvre.* « Elle renfermait en outre, ajoute-t-il, les
» plus étonnantes contradictions. Suivant le plan
» de réforme tracé dans la lettre pastorale, toutes
» les parties *chantées* du Missel devaient être
» tirées de l'Ecriture sainte ; cependant les proses
» ou séquences, qui sont bien des parties desti-
» nées à être *chantées*, avaient été conservées...

» Etrange nécessité que subira LA RÉVOLTE jus-
» qu'à la fin, de se contredire d'autant plus GROS-
» SIÈREMENT qu'elle se donne pour être plus con-
» séquente à elle-même (1). »

Tel est le langage respectueux de l'Abbé de Solesmes quand il parle des Evêques. Mais qui peut croire que Fr. de Harlay ait annoncé par sa lettre pastorale que, dans le Missel, tout ce qui devait être chanté, serait tiré de l'Ecriture; tandis qu'il faisait composer des proses qui doivent plus que tout le reste être chantées.

Qu'y a-t-il dans les Missels qui ne doive être chanté? Outre les proses, ne doit-on pas chanter encore les collectes, les préfaces, les postcommunions? en supposant que Fr. de Harlay ait dit ce qu'on lui fait dire, la raison ne demandait-elle pas qu'on l'entendît dans un sens moral (2), ou que l'on supposât quelque faute de rédaction ou d'impression, plutôt que d'attribuer à des hommes qui ont le sens commun, une absurdité aussi palpable, et pour eux sans aucun intérêt? La vérité est que Fr. de Harlay n'a pas dit, dans sa lettre pastorale, que *toutes les parties chantées devaient être tirées de l'Ecriture*... Il a dit le contraire; voici ses propres paroles : « Nous avons

(1) Inst. Lit. t. 2, p. 100.

(2) Voici le texte de la lettre pastorale tel qu'il est rapporté par l'auteur, p. 169. *Quin et ea quæ cantum attinent, ex solo scripturarum sacrarum canone desumpsimus.*

» pensé que rien n'était plus convenable ni plus » capable de relever la majesté du très-auguste » Sacrifice, que d'employer, dans cette action di- » vine où le Verbe de Dieu, en la forme d'esclave » qu'il a prise, est en même temps prêtre et victi- » me, les propres paroles avec lesquelles ce même » Verbe divin s'est exprimé dans les saintes Ecri- » tures. Quant aux prières appelées *Collectes*, » *Secrètes* et *Postcommunions*, ou nous les avons » tirées des plus anciens livres sacramentaires, » ou, s'il a fallu en donner de nouvelles, nous » les avons puisées, autant que le Seigneur nous » en a fait la grâce, dans le même esprit qui a » suggéré les anciennes; » *Rati nihil quidquam, aut convenientius, aut ad commendandam augustissimi Sacrificii majestatem appositum magis, quàm si divina res, in qua Dei Verbum secundùm formam servi quam accepit, sacerdos simul est et oblatio, ipso verbo quo sese in S. Scripturis expressit, tractaretur. Preces verò quæ Collectæ, Secretæ et Postcommuniones dicuntur, aut ex vetustissimis sacramentariorum libris selegimus, aut si quas de novo dare oportuit, ex eodem quo priores exaratæ sunt, quatenùs Deus dedit, spiritu hausimus.* Il n'y a pas là l'ombre même de la contradiction.

Après cela, nous laisserons cet auteur attaquer à tort ou à bon droit, tout ce qui s'est fait ou écrit en France en matière de Liturgie, comme le Bréviaire de Cluny, les Missels de Meaux et de

Troyes, Claude de Vert, Grancolas, Foinard, etc. Pour ne nous occuper que des livres Liturgiques de Paris, qui ont été pris pour modèles dans le plus grand nombre des diocèses de France, et que Dom Guéranger attaque, on peut le dire, avec une sorte de fureur, comme on vient de le voir par celui de Fr. de Harlay; voyons ce qu'il dit du Bréviaire Parisien publié sous le Cardinal de Noailles.

§ II.

Bréviaire du Cardinal de Noailles.

« Il y a très-peu de différence, dit l'Abbé de » Solesmes, entre les Bréviaires et Missels de » Fr. de Harlay et du Cardinal de Noailles; cepen- » dant nous signalerons quelques traits forte- » ment caractéristiques (1).

» Entre autres, la postcommunion de saint Da- » mase, au 11 décembre : *Nullum primum nisi* » *Christum sequentes et cathedræ Petri communione* » *sociatos, da nos, Deus, agnum semper in ea domo* » *comedere in qua beatus Damasus successor pisca-* » *toris et discipulus crucis meruit appellari* (2). »

Cette postcommunion, tirée d'une lettre de saint Jérôme au pape Damase, exprime clairement ce que ce saint Docteur dit, dans cette lettre au Pape sur l'autorité du Souverain Pontife; sur

(1) Inst. Lit. t. 2, p. 295. (2) Inst. Lit. t. 2, p. 295.

la nécessité d'être uni à la chaire de Pierre, *cathedræ Petri communione sociatos*, et de manger l'agneau dans cette maison, c'est-à-dire dans cette Eglise, où saint Damase dont on célèbre la fête, a mérité d'être appelé le successeur du pêcheur, et le disciple de la croix, *in eá domo*, etc.

Dans la Messe du même jour, telle qu'elle est dans le Missel Romain, il n'y a pas un seul mot relatif à l'autorité du Saint-Siége. Qui obligeait le Cardinal de Noailles, s'il était ennemi de l'Eglise Romaine, de mettre cette postcommunion dans son Missel? Qui le croirait? c'est cette postcommunion même que Dom Guéranger incrimine comme étant dirigée contre les Papes.

S'il y a quelque obscurité dans les premiers mots : *nullum primum;* l'obscurité est la même dans saint Jérôme; et ce qui suit en explique assez le sens.

Il faudrait que les Prêtres qui liront cette Messe de saint Damase, eussent l'esprit bien mal fait pour prendre dans un sens hostile au Saint-Siége, une prière où l'on demande à Dieu pour toute grâce, *d'être toujours uni de communion avec la chaire de Pierre, et de manger toujours l'agneau dans cette maison*, etc.

Dom Guéranger n'est pas heureux dans les raisons sur lesquelles il appuie son odieuse interprétation. « Si saint Jérôme, dit-il, eût vécu au » temps de Luther ou de Jansénius, il eût marqué

» avec son énergie ordinaire que, s'il n'entendait » suivre d'autre chef que Jésus-Christ, il ne vou» lait parler que du chef invisible (1). » Est-ce que du temps de saint Jérôme, il n'y avait pas d'hérétiques ennemis du Saint-Siége ? Ce saint Docteur n'avait-il pas, dans le moment même, un motif puissant de relever l'autorité suprême du successeur de Pierre, et ne le fait-il pas réellement, et dans ce qui précède, et dans ce qui suit ? Si donc il n'a pas *marqué avec son énergie ordinaire, qu'il ne voulait parler que du chef invisible*, c'est qu'il n'a pas eu la pensée que ce fût nécessaire.

« Et ces paroles, *Cathedræ Petri communione* » *consociatos*, signifiaient-elles uniquement dans » la bouche de saint Jérôme un simple lien exté» rieur sans dépendance sous le double rapport » de la foi et de la discipline ? » Et moi je demande : où Dom Guéranger a-t-il vu que le Cardinal de Noailles parle ici *d'un simple lien extérieur sans dépendance ?*

Quelle justice y a-t-il à donner aux mêmes paroles, insérées dans un Missel catholique, un autre sens que celui qu'elles ont dans le lieu d'où on les a tirées ? Fallait-il, dans une oraison, dire bien explicitement que l'on reconnaît dans le Pape, non-seulement une primauté d'honneur, mais encore de juridiction ? Une postcommunion doit-elle

(1) Inst. Lit. t. 2, p. 295.

renfermer un traité de théologie? Mais voici une accusation encore plus singulière.

« La dernière partie de la postcommunion offre » encore matière à observation ; l'on voit que » l'auteur profite des paroles de saint Jérôme, » pour flétrir, à propos de l'humilité de saint » Damase, ce que la secte appelle *le faste et l'or-* » *gueil de la Cour Romaine.* On y demande à Dieu » la grâce *de manger l'agneau dans cette maison où* » *Damase a mérité d'être appelé le successeur du* » *pêcheur et le disciple de la Croix* (1). »

A-t-on jamais imaginé, avant Dom Guéranger, que l'on ne pût louer les vertus des saints Papes, sans être accusé de vouloir rappeler les vices contraires de ceux de leurs successeurs qui ont pu en être entachés ?

Du reste, voici cette postcommunion, telle qu'elle est dans le Missel de Paris, au moins dans celui de Ch. de Vintimille. Après ce que nous en avons vu plus haut, on y dit : *Da nos, Deus, agnum semper in ea domo comedere quam beatus Damasus Petri successor, doctrinæ et virtutum splendore illustravit*; c'est-à-dire, *donnez-nous de manger l'agneau dans cette maison que le bienheureux Damase, successeur de Pierre, a illustrée par sa doctrine et par ses vertus*; ce qui ne fait aucun contraste avec le faste et l'orgueil dont on a prétendu accuser la Cour Romaine.

(1) Inst. Lit. t. 2, p. 296.

Dans la secrète de la même Messe, on relève la pureté de la foi de l'Eglise Romaine, en lui donnant le titre le plus glorieux, celui de *l'Église Vierge; Domine, da illam animi corporisque munditiem ob quam Romanæ Ecclesiæ judicio tuo electus Sacerdos Damasus, virginis Ecclesiæ Doctor virgo meruit appellari :* Donnez-nous, Seigneur, cette pureté d'esprit et de corps qui a mérité à Damase, élu par votre jugement Prêtre de l'Église Romaine, d'être appelé le Docteur vierge de l'Église vierge.

§ III.

Bréviaire et Missel de Ch. de Vintimille.

Si Dom Guéranger a traité si mal, comme on l'a vu, les Bréviaires et les Missels de François de Harlay et du Cardinal de Noailles, c'est bien pire quand il en vient au Bréviaire et au Missel de Ch. de Vintimille. Ecoutons-le.

Dans ce Bréviaire, « tout ou presque tout était nouveau; mais la nouveauté seule ne faisait » pas le caractère de cette Liturgie. Elle donnait » prise aux plus justes réclamations..... Si les » auteurs de la correction du Bréviaire de Harlay » s'étaient proposé de diminuer le culte et la vé- » nération des Saints, de restreindre principa- » lement la dévotion envers la sainte Vierge, » d'affaiblir l'autorité du Pontife Romain, ce plan

» avait été fidèlement continué dans le Bréviaire
» de 1736 ; mais de plus, on avait cherché à
» infiltrer les erreurs du temps sur les matières
» de la grâce et autres questions attenantes à
» celle-ci (1). »

Voilà l'accusation : écoutons les preuves (2).

« Pour infirmer le dogme de la mort de Jésus-
» Christ pour tous les hommes, on avait retran-
» ché de l'Office du Vendredi-Saint l'Antienne
» tirée de saint Paul : *Proprio Filio non pepercit,*
» *Deus ; sed pro nobis omnibus tradidit illum.* »

C'était la première antienne de Laudes.

Il est difficile de prouver que telle a été l'intention des rédacteurs dans le changement des Antiennes des Laudes. Il paraît, au contraire, qu'ils ont voulu raconter toutes les circonstances de la passion de Notre-Seigneur, dans les répons de Matines, les antiennes de Laudes et celles de Vêpres.

Le neuvième répons de Matines dit que Jésus-Christ est mort sur la croix pour nous : *Peccata nostra ipse pertulit in corpore suo, super lignum ; ut peccatis mortui, justitiæ vivamus.* Dom Gué-

(1) Inst. Lit. t. 2, p. 513.

(2) Dom Guéranger assure, p. 549, que, sur les vives réclamations qui s'élevèrent contre le nouveau Bréviaire, on plaça des cartons dans les endroits qui avaient le plus révolté les amis de la saine doctrine. Nous n'aurons pas à nous occuper des endroits corrigés. Il avoue d'ailleurs que ces corrections furent peu nombreuses.

ranger objectera que l'antienne supprimée dit de plus qu'il *est mort pour nous TOUS*. Eh bien ! qu'il lise la troisième antienne de Laudes du Jeudi-Saint ; il y verra que les rédacteurs n'ont pas craint de rapporter les textes sacrés qui prouvent que Notre-Seigneur est mort pour *NOUS TOUS : Omnes nos quasi oves erravimus... posuit Dominus in eo iniquitatem omnium nostrûm.*

« On avait fait disparaître d'une leçon du lundi » de la Passion, ces paroles : *Magnum enim faci-» nus erat cujus consideratio illos faceret desperare ; » sed non debebant desperare pro quibus in cruce » pendens Dominus est dignatus orare* (1). »

Dans le Bréviaire de François de Harlay, chaque férie du Carême a un évangile, suivi d'une homélie en trois leçons. Dans celui de Ch. de Vintimille, chaque férie a d'abord deux leçons de l'Écriture, ensuite l'évangile suivi de l'homélie en une seule leçon. Or le lundi de la semaine de la Passion, on n'a pas retranché d'une leçon le passage ci-dessus ; mais on a retranché deux leçons ; et c'est dans la dernière que le passage en question se trouvait.

Je ne sache pas qu'une des erreurs des Jansénistes ait été d'admettre des péchés irrémissibles.

La trahison de Judas fut certainement un péché plus grand que celui des Juifs qui crucifièrent

(1) Inst. Lit. t. 2, p. 515.

Notre-Seigneur. Eh bien ! on trouvera dans la IV.[e] leçon du Jeudi-saint, du Bréviaire de Ch. de Vintimille, un passage de saint Chrysostôme qui enseigne la même vérité que le passage supprimé dans les leçons du lundi de la Passion. Saint Chrysostôme y dit, en parlant de Judas : *O Christi benignitatem ! ô Judæ dementiam et insaniam ! Ille namque vendidit illum triginta argenteis ; Christus autem posteà non recusavit hunc ipsum sanguinem venditum vendenti dare in remissionem peccatorum, si ipse voluisset... ita et sacræ mensæ particeps ille fuit, ut nullum excusationis locum haberet.* C'est-à-dire : *O bonté de Jésus-Christ ! ô folie et fureur de Judas ! Il a vendu son Maître pour trente deniers; et après cela, Jésus-Christ n'a pas refusé de donner ce même sang à celui qui l'avait vendu, pour lui mériter la rémission de ses péchés, s'il avait voulu l'obtenir... Ainsi il participa* (avec les autres Disciples) *au banquet sacré, pour qu'il ne lui restât aucune excuse, s'il persévérait dans son péché.*

Continuons.

« A la fête de sainte Agathe, une autre homélie
» du même saint Docteur avait pareillement dis-
» paru, parce qu'on y lisait ces mots : *Quod ideò*
» *dixit ut ostenderet superiore nobis auxilio opus esse*
» *(quod quidem omnibus petentibus paratum est) si*
» *volumus in hac luctatione superiores evadere* (1). »

(1) Inst. Lit. t. 2, p. 514.

Dans le Bréviaire de François de Harlay, les fêtes semi-doubles, comme celle de sainte Agathe, avaient trois nocturnes et neuf leçons ; dans le Bréviaire de Ch. de Vintimille, ces fêtes n'ont qu'un nocturne et trois leçons, la première de l'Ecriture occurrente, et les deux autres composées de la légende du Saint ; c'est ainsi que l'homélie de la fête de sainte Agathe a été supprimée.

« On avait retranché pareillement la deuxième » leçon du lundi de la Pentecôte, qui renfermait » ces paroles : *Ergo quantùm in medico est sanare* » *venit ægrotum (Christus) ; ipse se interimit qui* » *præcepta medici servare non vult. Salvare non vis* » *ab ipso ; ex te judicaberis* (1). »

Dans le Bréviaire de François de Harlay, il n'y a pas de leçon de l'Ecriture pendant l'octave de la Pentecôte ; mais seulement une homélie en trois leçons sur l'évangile. Dans celui de Ch. de Vintimille, il y a toujours une leçon de l'Ecriture, une deuxième tirée d'un saint Père, et une troisième qui consiste dans une homélie sur l'évangile en une seule leçon, au lieu d'une homélie en trois leçons. On a donc retranché, dans le Bréviaire de Ch. de Vintimille, les deux dernières leçons et le passage cité par Dom Guéranger qui se trouvait dans la deuxième.

« Dans la 2.e leçon de l'Office de saint Léon,

(1) Instit. Lit. t. 2, p. 314.

» des paroles de ce saint Docteur qui semblaient » mises là tout exprès pour commander l'accep- » tation du Formulaire et la soumission à la bulle, » avaient été effacées. Mais aussi combien elles » étaient expressives ! *Damnent (hæretici) apertis* » *professionibus sui superbi erroris auctores ; ut* » *quidquid in doctrina eorum universalis Ecclesia* » *exhorruit detestentur ; omniaque decreta syno-* » *dalia quæ ad excisionem hujus hæreseos Apos-* » *tolicæ Sedis confirmavit auctoritas, amplecti se* » *et in omnibus approbare, plenis et apertis ac* » *propriâ manu subscriptis protestationibus elo-* » *quantur* (1). »

Et de quel Bréviaire ces paroles avaient-elles été effacées ? Ce ne peut pas être du Bréviaire Romain, puisqu'elles ne s'y trouvent pas. Ce qu'il y a de remarquable, et que Dom Guéranger ferait bien de nous expliquer, c'est qu'elles ont été insérées dans le Bréviaire même de Paris, dans lequel Dom Guéranger prétend que les Jansénistes les ont supprimées (2).

« Un passage de la 3.e leçon de saint Martin, » Pape et Martyr, avait également disparu. On en » devinait sans peine la raison, quand on se rap- » pelait qu'il y était parlé de l'édit de l'Empereur » Constant, qui prescrivait le silence sur les ques-

(1) Inst. Lit. t. 2, p. 314.

(2) Voy. Brév. du Card. de Noaill. au 11 avril, Offic. de S. Léon, Leç. IV, et celui de Vintim. au 10. nov. Leç. II.

» tions de la foi, et de la résistance du saint Pape » à une mesure qui compromettait si gravement » les intérêts de l'orthodoxie. Les partisans du » *silence respectueux* avaient donc retranché les » paroles suivantes : *Interim Constans, ut suo typo* » *ab omnibus subscriberetur, silentiumque ab eo de* » *quæstione catholicos inter et monothelitas agitata* » *indictum observaretur;... Romam misit Calliopem à* » *quo Martinus, cum edicto impio juxta Lateranense* » *Concilium resisteret, Romà vi abductus est* (1). »

Le 10 novembre, on fait l'Office de saint Léon le Grand, et seulement mémoire de saint Martin. A la fin de la 3.e leçon, on lit une légende abrégée de saint Martin, où l'on parle, et du type de Constant que ce saint Pape condamna dans un Concile de cent cinquante Evêques, et de sa courageuse résistance, qui lui valut l'exil et le martyre ; voici le texte : *Qui, condemnatâ, in concilio Lateranensi centum et quinque Episcoporum, cum suis principibus hæresi, jussu Constantis Imperatoris, cujus typum quemadmodùm et anteà Ecthesim Heraclii, reprobaverat, per Calliopam Ravennensem Exarchum de Ecclesia raptus*, etc. Si c'est avec intention que l'on a supprimé la mention du silence prescrit par le type, on ne peut que blâmer une pareille suppression, quoique l'on parle de la condamnation du type qui prescrivait le silence ; mais

(1) Inst. Lit. t. 2, p. 315.

la nécessité de réduire les deux leçons de saint Martin en une seule, a pu donner lieu au retranchement. Du reste, il ne faut pas croire que le silence ordonné par l'Empereur Constant fût la même chose que le silence demandé par les Jansénistes : Constant prescrivait le silence aux défenseurs de la vérité; les Jansénistes voulaient que l'on n'exigeât d'eux qu'une soumission extérieure et un silence respectueux.

« C'était dans le même esprit que l'on avait » supprimé, au 26 novembre, l'Office de sainte » Geneviève du *miracle des Ardents* (1). »

Il y a ici une fausseté et un contre-sens : une fausseté, parce que cet Office n'a pas été supprimé (2); seulement il est semi-double; et comme les semi-doubles n'ont que trois leçons, tandis qu'auparavant ils en avaient neuf, on a dû retrancher ici l'homélie de saint Irénée.

Il y a ensuite un contre-sens. « Si l'on a fait cette » suppression, c'est, dit Dom Guéranger, à cause » de certaines leçons tirées de saint Irénée, et » dans lesquelles étaient données les règles pour » discerner les miracles des hérétiques d'avec ceux » de l'Église Catholique; ce qui devenait par » trop embarrassant, si on en voulait faire l'application aux prodiges du bienheureux Dia-

(1) Inst. Lit. t. 2, p. 515.

(2) Voyez Brév. de Paris de 1836, au 26 novembre.

» cre (1). » Il n'est nullement question, dans les leçons de saint Irénée, de règles pour distinguer les miracles des hérétiques d'avec ceux de l'Église Catholique. Ce saint Docteur dit que les hérétiques ne peuvent en faire aucun; tandis qu'il s'en opère beaucoup dans toute l'Église Catholique : *Non possunt hæretici cæcis donare visum*, etc. Pourquoi les Jansénistes auraient-ils supprimé un texte qui leur était si favorable, au moment où ils se vantaient des *prodiges du bienheureux Diacre* ?

« Les Jansénistes, déconcertés de leur petit » nombre,... imaginèrent... que la vérité ne » triompherait qu'à l'arrivée d'Elie qui était pro- » chaine. (Dans cette idée), le nouveau Bréviaire » avait consacré tout le corps des répons du » VII.e Dimanche après la Pentecôte, à célébrer » de si belles espérances (2). »

Je n'irai pas transcrire ici les trois pages de répons, expliqués par Dom Guéranger comme il l'entend. Je me contenterai de dire que si les rédacteurs du Bréviaire ont eu l'intention qu'on leur prête, il faut des yeux bien perçants pour l'apercevoir; surtout pour reconnaître avec Dom Guéranger dans ces répons, les *Molinistes, les docteurs de la morale relâchée, M. Vincent* (3); c'était

(1) Inst. Lit. t. 2, p. 343.
(2) *Ib.* p. 316.
(3) *Ib.* p. 318, 319.

là le secret de la secte, suivant Dom Guéranger : secret difficile à pénétrer. Je suis bien persuadé que très-peu de Prêtres qui récitent le Bréviaire de Paris, se doutent de l'intention des auteurs.

Dom Guéranger dit qu'il nous fait grâce de *la complète énumération des passages scabreux du Bréviaire de Vintimille* (1). « Cependant, ajoute-t-il, » nous en signalerons encore quelques-uns. » Il faut croire que l'auteur a choisi les plus décisifs.

« Dans la Liturgie Romaine, le capitule de » Vêpres (du Dimanche, est celui-ci) : *Benedictus Deus et Pater Domini nostri Jesu Christi,* » *Pater misericordiarum et Deus totius consolationis, qui consolatur nos in omni tribulatione nostra* (2). » Béni soit le Dieu et le Père de Notre-Seigneur Jésus-Christ, le Père des miséricordes et le Dieu de toute consolation, qui nous console dans tous nos maux (3). « Voici comment (la secte » janséniste) a frauduleusement remplacé le sublime capitule que nous venons de lire : *Benedictus Deus et Pater Domini nostri Jesu Christi,* » *qui benedixit nos in omni benedictione spirituali in* » *cœlestibus in Christo, sicut elegit nos in ipso ante* » *mundi constitutionem, ut essemus sancti et immaculati in conspectu ejus in charitate* (4). » Béni soit le Dieu et le Père de Notre-Seigneur Jésus-Christ,

(1) Inst. Lit. t. 2, p. 319.
(2) *Ib.*
(3) 2 Cor. I.
(4) Inst. Lit. t. 2, p. 320.

qui nous a comblés en Jésus-Christ de toutes sortes de bénédictions spirituelles pour le ciel ; comme il nous a élus en lui avant la création du monde, pour que nous soyons saints et sans tache dans son amour.

Si l'on me donnait à choisir entre ces deux textes, quoi qu'en dise Dom Guéranger, je préférerais le second. Premièrement parce qu'il est bien plus énergique dans ce qu'il dit des bienfaits que nous avons reçus de Dieu. Le premier texte dit seulement que Dieu *nous console dans tous nos maux* : le second dit que Dieu *nous a comblés de toutes sortes de bénédictions spirituelles.* Deuxièmement, parce qu'il nous remplit d'espérance et d'amour, en nous apprenant que le Seigneur nous a aimés le premier, qu'il a jeté ses regards de miséricorde sur nous dès *avant la création du monde*, et nous *a choisis dès lors* pour nous combler de ses bénédictions. Troisièmement, parce qu'il nous rappelle que si nous voulons correspondre aux volontés miséricordieuses du Seigneur, nous devons nous conserver *saints et sans tache en sa présence, dans son amour.*

Toutes les raisons que Dom Guéranger emploie pour blâmer le choix qu'on a fait de ce dernier texte, se réduisent à dire qu'il y est parlé de prédestination, et que l'*Église n'approuve pas qu'on effraye les fidèles, en mettant trop souvent sous leurs yeux les terribles mystères de la prédestination et de la réprobation* (1). De la réprobation, j'y consens; mais de la prédestination, c'est-à-dire de cet amour par lequel Dieu, suivant l'expression du Psalmiste, nous a prévenus *par les bénédictions de sa douceur* (2); je le nie... C'est cet amour prévenant de Dieu que saint Paul emploie pour nous inspirer une grande confiance dans le Seigneur : *Je suis plein de confiance*, dit-il aux Philippiens, *que celui qui a commencé en vous la bonne œuvre* (de votre salut), *la perfectionnera jusqu'au jour* de l'avénement *de Jésus-Christ* (3); et dans sa lettre aux Philippiens : *Si nous avons été réconciliés à Dieu, par la mort de son Fils pendant que nous étions ses ennemis; à plus forte raison, étant maintenant réconciliés avec lui, serons-nous sauvés par la vie de ce même Fils* (4). »

Mais voici un reproche plus étrange : Dom Guéranger se scandalise de ce que dans l'hymne de Vêpres, qu'il appelle d'ailleurs *une pièce d'un langage élevé et correct*, on adresse à Dieu cette prière tirée de saint Paul : *Ad omne nos apta bonum*; Rendez-nous disposés à toute bonne œuvre (5). Sa raison est que les Jansénistes ont voulu prouver par ces paroles et par *d'autres* semblables, *l'irrésistibilité de la grâce* (6). Nous ne pourrions donc plus nous servir des termes de l'Ecriture,

(1) Inst. Lit. t. 2, p. 319.
(2) Ps. 20.
(3) Phil. I, 6.
(4) Rom. V, 10.
(5) Hebr. XIII, 21.
(6) Inst. Lit. t. 2, p. 321, 322.

une fois que les hérétiques en auraient abusé pour soutenir leurs erreurs.

Les autres reproches contenus pag. 322, 323 et 324, sont si dépourvus de raison, que ce serait perdre le temps que de les répéter en détail. Voici le plus sérieux : on peut juger des autres.

» Le nouveau Bréviaire avait gardé le ℟. *In* » *manus tuas, Domine, etc.*; mais voyez ici la » différence... L'Eglise Romaine, afin que chaque » fidèle puisse répéter avec confiance ces douces » paroles : *In manus tuas, etc.*, émet tout aussitôt » le motif qui produit cette confiance dans le » cœur du dernier de ses enfants. Tous ont droit » d'espérer, car tous ont été rachetés : *Redemisti* » *nos*. Ecoutez maintenant les rédacteurs du Bré- » viaire Parisien : *Redemisti me*, etc., la Ré- » demption, suivant eux, n'est pas une faveur » générale, le Christ n'est pas mort pour » tous (1). »

Mais quand on aurait conservé le *redemisti nos*, il s'ensuivrait seulement que Notre-Seigneur est mort pour tous ceux qui font cette prière, et non pour tous les hommes.

Tous ceux qui disent ce répons *In manus tuas*, disent aussi *redemisti me*; ils déclarent donc qu'ils ont été rachetés.

Puisqu'on dit au singulier : *Commendo spiri-*

(1) Inst. Lit. t. 2, p. 323.

tum meum; il était naturel de dire : *Redemisti me.*

Du reste, le Bréviaire Parisien n'a fait que rapporter ce passage du Ps. 30, tel qu'il est dans la Vulgate.

Jusqu'à présent Dom Guéranger n'a découvert dans les Bréviaires de Paris que des intentions hérétiques : il veut maintenant nous y montrer des hérésies. Mais, de bonne foi, de quel poids peuvent être les assertions d'un auteur tellement aveuglé par ses préventions, qu'il ose affirmer des faits d'une fausseté palpable, et ne voit pas, dans les Bréviaires dont il fait la censure, des textes assez longs, des Offices entiers, que tout le monde y voit? Pourrons-nous compter davantage sur ses jugements théologiques, quand il condamnera comme hérétiques les propositions de ses adversaires? Ce qu'il y a de bien clair, c'est qu'un homme qui a inventé une hérésie nouvelle, qu'il appelle *anti-liturgique*, pour en faire honneur à l'Eglise de France, n'aura pas manqué de mettre en jeu toute la perspicacité de son esprit, pour découvrir des hérésies plus réelles dans les Bréviaires qu'il attaque.

Il n'a pu en trouver que deux : ce serait déjà beaucoup trop. Il voit la première dans un canon, la seconde dans la strophe d'une hymne.

Quand il traite de celle du canon, il commence par avancer un fait entièrement dénué de vérité.

« Une suite de canons des Conciles à l'office de

» Prime... avait été, dit-il, conduite de manière à ce
» qu'on n'y rencontrât pas une seule citation des
» décrétales des Pontifes Romains (1). »

En ouvrant le 1.er volume du Bréviaire, j'ai trouvé dans les trois premières semaines seulement de l'année ecclésiastique, cinq canons tirés des décrétales des Papes, de saint Léon IV, de saint Innocent I.er, de saint Léon I.er, de saint Gelase, et encore de saint Léon I.er On en trouve vingt-quatre dans le reste du Bréviaire. Voyez-en le tableau à la fin de cet écrit (2).

Or, ajoute-il, « on avait trouvé moyen de placer
» au mardi de la IV.e semaine de Carême quelques
» paroles du XI.e canon du 3.e Concile de Tolède,
» qui enchérissaient sur la 87.e proposition de
» Quesnel (3). »

Ce canon du Concile de Tolède, ne se trouve pas dans le Bréviaire, et Dom Guéranger nous dit plus tard que, sur les vives réclamations qui avaient été faites, on l'avait retranché (4); il n'y a donc pas à l'examiner.

Quant à la strophe incriminée, elle est de Santeuil; nous allons la rapporter plus bas.

« Les Jansénistes, dit Dom Guéranger, se dé-
» lectaient dans cette strophe (5); il est impossi-
» ble de (la) justifier, si l'on prend les termes

(1) Inst. Lit. t. 2, p. 325.
(2) Pièce n.° 1.
(3) Inst. Lit. t. 2, p. 326.
(4) *Ib.* p. 349.
(5) *Ib.* 327.

» dans la rigueur... Dieu seul sait combien de
» temps elle doit retentir encore dans nos Égli-
» ses : mais qu'il nous soit donné de protester
» contre une tolérance qui dure malheureuse-
» ment depuis plus d'un siècle, et dire en pas-
» sant un solennel anathème à trois propositions
» de Quesnel, que Clément XI, et avec lui toute
» l'Église, a proscrites (et que) les quatre vers
» de la strophe en question... rendent avec tant
» d'énergie (1). »

Voilà une hérésie bien manifeste. La strophe signalée rend avec une énergie remarquable trois propositions condamnées. Aussi l'Abbé de Solesmes, regarde-t-il comme «un problème inso-
» luble à résoudre, de savoir comment quelqu'un
» peut être obligé, sous peine de péché, à réciter
» une hymne qui CONTIENT MATÉRIELLEMENT une
» doctrine qu'on ne pourrait soutenir sans en-
» courir l'excommunication (2). »

Examinons la chose de sang-froid. Voici la strophe :

Insculpta saxo lex vetus
Præcepta, non vires dabat :
Inscripta cordi lex nova
Quidquid jubet dat exequi.

Ecoutons maintenant les propositions, telles que Dom Guéranger les rapporte.

(1) Inst. Lit. t. 2, p. 119. (2) *Ib.* p. 120.

PROPOS. VI. *Discrimen inter fœdus Judaïcum et Christianum est, quod in illo Deus exigit fugam peccati et implementum legis à peccatore, relinquendo illum in sua impotentia; in isto verò Deus peccatori dat quod jubet, illum suâ gratiâ purificando.*

PROP. VII. *Quæ utilitas pro homine in veteri fœdere, in quo Deus illum reliquit ejus propriæ infirmitati, imponendo ipsi suam legem? Quæ verò felicitas non est admitti ad novum fœdus, in quo Deus nobis donat quod petit à nobis?*

PROP. VIII. *Nos non pertinemus ad novum fœdus, nisi in quantùm participes sumus ipsius novæ gratiæ quæ operatur in nobis id quod Deus nobis præcipit* (1).

Pour que la strophe rende avec énergie et contienne *matériellement* les propositions condamnées, il faut qu'elle dise énergiquement tout ce qu'il y a d'erroné dans les propositions; or, il s'en faut bien qu'il en soit ainsi.

La strophe dit seulement que *la loi de Moïse gravée sur la pierre, imposait les préceptes, sans donner la force de les accomplir.*

Insculpta saxo lex vetus
Præcepta, non vires dabat.

Elle ne dit pas que ceux qui vivaient sous cette loi ne recevaient cette force d'aucun en-

(1) Inst. Lit. t. 2, p. 120.

droit; de manière que Dieu leur imposât des commandements qu'il leur était impossible de garder : erreur grossière, impie, qui est une des cinq propositions condamnées dans Jansénius, et qui l'a été de nouveau, dans cette proposition de Quesnel, où elle est expressément renfermée: *In illo (fœdere Judaïco) Deus exigit fugam peccati et implementum legis à peccatore, relinquendo illum in sua impotentia.*

Trois vérités de foi doivent résoudre ici la question.

Premièrement, les hommes déchus par le péché ne peuvent rien pour le salut, sans le secours de la grâce de Jésus-Christ : *Sine me nihil potestis facere* (1).

Deuxièmement, cette première vérité regarde les justes de l'Ancien Testament, comme ceux du Nouveau. Comme nous, sans la grâce de Jésus-Christ, ils ne pouvaient rien faire d'utile pour le salut. Or ce n'était assurément pas la loi de Moïse gravée sur la pierre qui leur donnait cette grâce; ils la recevaient d'en haut en vertu des mérites du Sauveur. Par là se trouvent justifiés les deux premiers vers de la strophe:

Insculpta saxo lex vetus
Præcepta, non vires dabat.

Troisièmement, la loi évangélique au con-

(1) Joan. xv, 5.

traire, qui est si bien appelée *la loi de grâce*, et qui est écrite dans nos cœurs par l'Esprit-Saint, toujours en vertu des mérites de Jésus-Christ, non-seulement nous rend possible l'accomplissement des préceptes, *elle donne même de les accomplir*, *à ceux qui correspondent à la grâce.* Cet accomplissement, comme tous nos mérites, est un don de Dieu. Tel est l'enseignement du saint Concile de Trente : *Tanta est (Dei) erga omnes homines bonitas, ut eorum velit esse merita, quæ sunt ipsius dona* (1).

Si quis dixerit hominis justificati bona opera ita esse dona Dei, ut non sint etiam bona ipsius justificati merita, anathema sit (2).

Ce vers de Santeuil, *Quidquid jubet dat exequi*, où Dom Guéranger veut trouver de l'hérésie, est donc parfaitement orthodoxe.

Il est à remarquer que la strophe avait été plus anciennement attaquée, et que dans l'édition du Bréviaire de Paris de 1787, on avait cru devoir y apporter une modification ; on avait substitué au dernier vers, celui-ci : *Dat posse quidquid imperat* ; la première version a été rétablie dans le Bréviaire publié par Hyacinthe de Quélen. A coup sûr on ne s'y est déterminé qu'après un mûr examen ; car, dit Dom Gué-

(1) Trid. sess. 6. de justific. c. 16.

(2) *Ib.* Can. 32.

ranger lui-même : « (dans cette dernière édition » du Bréviaire) les maximes qui avaient présidé » à la rédaction des Bréviaires de Harlay et de » Vintimille ont été reniées (1). »

« Si maintenant nous considérons la manière » dont on avait traité le culte des Saints, etc. (2). »

C'est toujours l'accusation d'avoir voulu diminuer le culte des Saints, qui revient.

Dom Guéranger rappelle ici ce qu'il a dit (3) sur le texte de la lettre pastorale de Ch. de Vintimille : « On a conservé au dimanche sa pré» rogative d'exclure toutes sortes de fêtes, si ce » n'est celles qui ont dans l'Eglise le premier » degré de solennité. » Et il dit là expressément : » Le but avoué est de diminuer le culte des » Saints (4). »

Je voudrais bien que cet auteur nous montrât quelque part cet aveu, qu'on a *voulu diminuer le culte des Saints.*

S'il avait lu les rubriques du Bréviaire qu'il censure, il n'aurait pas calomnié, comme il le fait, l'intention des rédacteurs. Car il aurait vu que le dimanche ne cède pas seulement aux fêtes du rit solennel mineur et au-dessus ; mais encore aux doubles fêtés par le peuple, aux fêtes de Notre-Seigneur, de la sainte Vierge, de saint

(1) Inst. Lit. t. 2, p. 679, 681.
(2) *Ib.* p. 127.
(3) *Ib.* p. 309.
(4) *Ib.*

Denys et du jour de l'octave, aux fêtes propres des lieux, c'est-à-dire, dans les Eglises où il y a un certain concours de peuple pour honorer des reliques, ou pour tout autre objet de culte particulier (1). Je le demande à l'Abbé de Solesmes : pouvait-on apporter plus d'attention à ne pas diminuer le culte des Saints?

Cavalieri, Liturgiste très-estimé et commentateur des décrets de la S. Congrégation des Rits, pense tout autrement que l'Abbé de Solesmes sur le privilége des Dimanches. Au lieu d'y voir l'intention et l'inconvénient de *diminuer le culte des Saints*, il blâme au contraire le zèle mal entendu qui fait solliciter sans cesse de nouveaux offices des Saints; la manière dont il s'exprime est remarquable : « La démangeaison, ce sont ses pro-
» pres termes que je rapporte ici, la déman-
» geaison d'avoir beaucoup de fêtes, s'est telle-
» ment emparée des esprits..., que l'on voudrait
» qu'il y en eût presque chaque jour..., et je
» crains que, sous le prétexte spécieux de piété,
» on ne cache le désir naturel à bien des gens
» d'avoir des Offices plus courts (2). »

(1) Rubr. part. 1, cap. 6, n.° 5.

(2) *Festorum prurigo multorum è clero.. animos ita pervasit, ut nihil plus optent quàm continuis, ac propè quotidianis festis indulgere... O quàm vereor ego ne specioso pietatis prætextu, in istis se tegat innatum plerisque in brevitatis sollicitandæ studium.* Caval. *de comment. in sacr. Congr. decret.* t. 1, cap. VI, de Sanct. qui in fine ann. supers. n.° 1.

Ensuite, parmi les raisons qu'il oppose à ce zèle prétendu, il met la suppression de l'Office d'un grand nombre de dimanches; il nous apprend combien la S. Congrégation des Rits est opposée à cet abus, et cite à l'appui l'autorité de Clément VIII (1).

Benoît XIV pense de même, et, le croirait-on? c'est Dom Guéranger qui nous l'apprend; il en fait le sujet du plus grand éloge. Ce grand Pape, dit-il, « versé profondément dans la con- » naissance des usages de l'antiquité, ne vit pas » avec indifférence..., que depuis l'époque de » saint Pie V, les féries se trouvaient diminuées » dans une proportion énorme par l'accession » de plus de cent Offices nouveaux. Le rang de » *doubles* assigné à la plupart de ces Offices en- » traînait de fait la suppression d'une grande » partie des dimanches. IL ÉTAIT BIEN CLAIR QUE » L'ANTIQUITÉ N'AVAIT PAS PROCÉDÉ AINSI (2). » Ch. de Vintimille procédait donc comme l'antiquité. Benoît XIV, en voulant conserver l'Office des Dimanches, avait-il l'intention de diminuer le culte des Saints?

(1) *Officium Dominicarum plurimarum, vel ferè omnium supprimitur ob frequentem festorum duplicium occurrentiam... hoc autem... S. Rituum Congregatio tantoperè abhorret, ut olim statuerit nulla deinceps concedere festa duplicia, idque notat expressè Clemens VIII.* Ib. n.° IV.

(2) Inst. Lit. t. 2, p. 526.

« Le calendrier avait subi les plus graves ré-» ductions (1). »

J'avoue qu'elles sont nombreuses. Etaient-elles motivées? C'est là la question; plusieurs raisons ont pu y décider. Le désir de conserver, autant que possible, l'Office des dimanches, et celui des féries pendant le Carême, a dû en faire retrancher ou renvoyer plusieurs.

Du reste, parmi ces Saints, il y en avait un grand nombre dont on ne faisait, dans le Bréviaire antérieur, qu'une simple mémoire; plusieurs n'avaient pas même de légende. Ces mémoires multipliées pouvaient apporter quelque embarras dans les Offices. Sans prétendre justifier les systèmes suivis par les rédacteurs, qui auraient dû, à mon avis, conserver surtout les mémoires des saints Papes, dont le sang répandu pour la foi est une des gloires de l'Eglise Catholique; je ne crois pas qu'ils aient voulu diminuer le culte des Saints. Quelques auteurs ont pu pousser trop loin la sévérité de la critique sur l'authenticité des vies de ces héros du christianisme et de leurs miracles; mais en général les Jansénistes n'étaient pas ennemis de leur culte; même ils aimaient assez à parler de faits miraculeux, surtout quand ces faits pouvaient servir à accréditer leurs erreurs. Nous devons ajouter ici quelques

(1) Inst. Lit. t. 2, p. 328.

observations sur les retranchements reprochés par Dom Guéranger.

« En janvier, dit-il, on avait supprimé les » Octaves de saint Étienne, de saint Jean, des » saints Innocents, et même de sainte Gene- » viève (1). »

Les trois mémoires qu'il fallait faire tous les jours, pour les trois premières octaves, à l'Office de la Nativité de Notre-Seigneur, compliquaient beaucoup cet Office; il faut l'avouer. D'ailleurs, d'après les rubriques, on n'attribuait une octave qu'aux fêtes du rit solennel majeur. L'Office de saint Étienne, dans le Bréviaire antérieur, n'était que solennel mineur, les autres seulement doubles majeurs ou mineurs.

La fête de sainte Geneviève était seulement du rit double majeur.

« La Chaire de saint Pierre à Antioche avait » disparu. »

Il est vrai qu'on a réuni la Chaire de saint Pierre à Antioche avec celle de Rome; mais on fait mention des deux dans le même Office, et on célèbre sous cette double dénomination, le pontificat du chef des Apôtres; voici le titre de l'Office : *In festo Pontificatûs seu Cathedræ S. Petri, qui primùm Antiochiæ sedit, tùm Romæ;* et en effet, cet Office renferme tous les

(1) Inst. Lit. t. 2, p. 328.

titres de la puissance du Chef des Apôtres. Je suis persuadé que, même à Rome, on ne blâmerait pas cette fête et cet office du *Pontificat de saint Pierre.*

« En mars, saint Aubin n'avait plus qu'une » simple mémoire (1). » L'Abbé de Solesmes se trompe : s'il arrive hors du carême, on en fait tout l'office.

« En juin, on ne retrouvait plus les octaves » de saint Jean-Baptiste et de saint Pierre et saint » Paul. »

C'est que leur fête était du rit solennel mineur.

« En juillet était effacé saint Thibault (2). »

Il n'est que renvoyé au 30.

« En novembre on avait ôté saint Veran. »

C'est une erreur : dans le Bréviaire précédent on n'en faisait que mémoire le 10; dans le Bréviaire de 1736, on en fait l'office le 13.

« Sainte Félicité. »

Dom Guéranger se trompe encore; en en fait l'office le 10 juillet.

« Sainte Geneviève du miracle des ardents. »

Nous avons déjà signalé cette erreur : la fête en est marquée au 26 du même mois de novembre.

« Décembre enfin avait vu disparaître l'octave » de la Conception (3).

(1) Inst. Lit. t. 2, p. 528.

(2) *Ib.*

(3) *Ib.*

La fête n'est que du rit solennel mineur.

« Saint Thomas de Cantorberi était transféré » au mois de juillet. »

Quel mal y a-t-il ? c'est le jour de la translation de ses reliques (1).

« Saint Sylvestre réduit à une simple mé- » moire (2). »

C'est que l'octave de Noël n'admet pas les semi-doubles.

Dom Guéranger revient souvent sur les mêmes reproches, et répète les mêmes erreurs.

Il ne peut, dit-il, « s'empêcher de signaler » comme déplorable, le système d'après lequel » on privait l'Eglise de Paris, de deux des fêtes » de sa glorieuse patronne (3). » C'est, je crois, la 3.e fois que Dom Guéranger fait cette accusation dénuée de toute vérité. Les deux fêtes dont il veut parler, sont celle du *Miracle des ardents*, qui se trouve, comme nous venons de le dire, au 26 novembre, et celle de la *Translation de la Sainte*, dont on fait mémoire, tout comme dans l'ancien Bréviaire, le 28 octobre.

Saint Aubin, saint Eutrope, saint Thibaut, saint Veran, dont il venait de déplorer mal à propos (4) la disparition, dans la page précédente, sont de nouveau l'objet de ses regrets.

(1) Inst. Lit. t. 2, p. 529.

(2) *Ib.*

(3) *Ib.*

(4) Voyez ci-dessus.

Voici un autre sujet de blâme : « Le désir de » donner plus de tristesse au temps du carême » avait porté nos réformateurs à rejeter plusieurs » saints à d'autres jours (1). »

Dom Guéranger avait déjà attaqué cette disposition, contre laquelle il fait ce raisonnement : « Ou le Bréviaire de Paris a atteint, par cette me- » sure, le véritable esprit de l'Église dans la célé- » bration du carême, ou ses rédacteurs se sont » trompés sur cette grave matière. Dans le pre- » mier cas, l'Eglise Romaine... reçoit ici la leçon... » de sa fille l'Église de Paris; dans le second cas, » y a-t-il donc si grand mal de supposer que Vigier » et Mézenguy... aient failli quelque peu dans une » occasion où ils avaient contre eux l'autorité de » l'Église Romaine (2)?

Rien de plus mal fondé que ce reproche, et le raisonnement sur lequel Dom Guéranger veut l'appuyer, ne vaut pas mieux. Vigier et Mézenguy n'ont pas failli, en renvoyant à un autre temps les fêtes de plusieurs Saints qui arrivaient dans le carême, et bien loin de vouloir faire la leçon à l'Église Romaine, ils se conformaient à son esprit et à celui de l'antiquité. Ecoutons le savant Liturgiste que nous avons déjà cité. « D'après le décret » du Concile de Laodicée, nous dit cet auteur, on » ne devait célébrer pendant le carême les fêtes

(1) Inst. Lit. tit. 1, p. 329. (2) *Ib.* p. 311.

» d'aucun martyr. » (Il n'y avait guère d'autres fêtes de Saints dans les premiers siècles.) « Les » Eglises du rit Ambroisien, aujourd'hui encore, » conservent très-rigoureusement cette règle. » L'Eglise Romaine admet, il est vrai, quelques » fêtes pendant ce temps, mais en petit nombre, » et les octaves furent supprimées, lorsqu'on » revit le Bréviaire (1). »

Vigier et Mézenguy se sont donc conformés, non-seulement à l'esprit de l'antiquité, mais encore à celui de l'Eglise Romaine, et ils n'ont pas voulu lui faire la leçon.

L'argument de Dom Guéranger est d'ailleurs fort peu théologique. Cet auteur suppose qu'il s'agit ici d'un point de foi sur lequel toutes les Eglises doivent essentiellement garder l'unité avec l'Eglise Romaine. De plus, il raisonne comme si le Bréviaire et le Missel Romain étaient nécessairement parfaits ; mais s'il en était ainsi, l'aurait-on corrigé après le Concile de Trente ? Et les Papes auraient-ils voulu, à diverses époques, y apporter encore des améliorations ?

Oublions un moment tous ces raisonnements

(1) *Quo tempore (quadragesimæ) ex decreto Concilii Laodicensis nulla olim natalitia martyrum celebrabantur; quem ritum Ecclesia Ambrosiana etiam nunc strictissimè observat. Romana verò non nulla quidem festa, sed pauca admittit eo tempore, à quo in recognitione Breviarii octavæ etiam fuerunt exclusæ.* Cavalieri, comm. t. 1, cap. 6. *De sanctis qui in fine an.*

pour considérer la chose en elle-même. L'esprit de l'Eglise n'est-il pas d'inspirer aux fidèles, dans le temps du carême, des sentiments de componction et de pénitence? N'est-ce pas dans cet esprit qu'elle prend ses habits de deuil; que ses prières sont pleines de douleur et de gémissements? N'est-il pas vrai, en même temps, que, dans les fêtes des Saints, elle invite les fidèles à une sainte joie, se souvenant de ceux de leurs frères qui sont déjà dans la gloire, et se consolant par l'espérance d'y arriver un jour eux-mêmes. Or, comment l'intention de l'Eglise qui nous invite à la componction pendant le carême, sera-t-elle remplie, si presque tous les jours en sont consacrés à célébrer dans la joie les fêtes des Saints? Cette observation a plus de force aujourd'hui où la discipline de l'abstinence et du jeûne étant beaucoup trop affaiblie, fait moins sentir aux fidèles que l'on est dans un temps de pénitence.

J'arrive à une nouvelle infidélité de Dom Guéranger. Pour la rendre palpable, je n'ai besoin que de rapprocher deux endroits du second tome de son ouvrage, en les rapportant sans y rien changer. On trouvera le premier à la page 304, et le second à la page 331.

Dans le premier, l'Abbé de Solesmes cite ce passage de la lettre pastorale que Ch. de Vintimille a mise à la tête de son Bréviaire : « Les » Saints doivent être honorés, non par une stérile

» admiration, mais par une imitation fidèle des » vertus qui ont brillé en eux. »

Maxime sage, tout-à-fait dans l'esprit de la religion, mille fois répétée par les saints Pères, les Docteurs de l'Eglise, les prédicateurs de la sainte parole. Il ne faut pas se contenter d'admirer les Saints d'une admiration stérile, il faut les imiter; rien de plus vrai, « rien de plus in» contestable en soi qu'une telle doctrine, » dit Dom Guéranger lui-même (1).

Passez maintenant à la page 331. Là, il lui a plu de changer le texte de la lettre pastorale, et de faire dire à Ch. de Vintimille, parlant de son Bréviaire, cette absurdité : « On a évité tout ce » qui pourrait nourrir, à l'égard des Saints, » une stérile admiration. »

Mais quoi! quand notre admiration à l'égard des Saints est stérile, et que nous nous contentons de les admirer sans les imiter, est-ce la faute des choses admirables que nous voyons en eux? N'est-ce pas notre faute à nous? Si c'était la faute de ce que nous voyons d'admirable en eux, il ne faudrait plus rien rappeler de ce qui mérite notre admiration, ni leurs miracles, ni leurs martyres, ni leurs héroïques vertus, de peur que nous ne nous contentions de les admirer. Tel est le principe absurde que l'Abbé de

(1) Inst. Lit. t. 2, p. 304.

Solesmes ose attribuer à Ch. de Vintimille. Il n'hésite pas davantage à lui reprocher d'avoir tiré de ce principe les conséquences également absurdes qui en découlent.

« Cette crainte (de nourrir à l'égard des Saints » une stérile admiration) a été cause que l'on a » gardé le silence sur les stigmates de saint » François. »

« C'est sans doute dans une semblable intention » que l'on avait retranché les célèbres paroles » par lesquelles il exhorte en mourant ses dis- » ciples à garder..... *la foi de la sainte Eglise Ro-* » *maine* (1). » Le premier fait est vrai ; mais non pas le second.

Il est vrai que dans le Bréviaire de 1736, la légende de saint François ne fait pas mention des stigmates du Saint ; si c'est parce qu'aux yeux des rédacteurs le fait n'était pas assez prouvé, on peut bien les accuser d'un excès de sévérité dans leur critique (2). Ce miracle, appuyé sur des témoignages irrécusables, est pour nous d'autant plus facile à croire, que de nos jours, où Dieu paraît vouloir confondre nos incrédules, en multipliant les faits surnaturels, il paraît certain qu'il existe plusieurs personnes stigmatisées ; quoique

(1) Instit., t. 2, p. 331.

(2) Voyez la vie du Saint par le P. Chalippe, à la fin du 3.e volume. Voy. encore Vies des PP. et des Martyrs, traduites de l'anglais, t. IX, 4 octobre.

d'une manière moins miraculeuse que ne l'a été saint François (1).

Mais il est faux que l'on ait retranché de la légende de ce Saint « les célèbres paroles par » lesquelles il exhorte ses disciples à garder... la » foi de la sainte Eglise Romaine. » Les voici telles qu'elles sont rapportées dans le Bréviaire de 1736: *Docebat eos honorare præcipuâ reverentiâ sacerdotes, et fidei quam Romana tenet Ecclesia firmiter adhærescere.*

Je ne m'arrêterai pas aux reproches de Dom Guéranger sur les changements que l'on avait voulu faire à l'hymne *Ave maris stella*, et à d'autres hymnes (2).

Quant à l'*Ave maris stella*, il avoue que l'on rétablit l'ancienne version. Pour les autres hymnes, l'examen serait long et minutieux; chacun peut comparer les deux versions telles que l'auteur les rapporte, on verra que tout le venin consiste dans les intentions qu'il prête aux rédacteurs.

Faut-il répondre aux reproches faits aux versets des hymnes de la Vierge; de l'*Alma*, où, au lieu du verset *Angelus Domini nunciavit Mariæ, et concepit de Spiritu sancto*, on a mis avant la Présentation celui-ci : ℣. *Deus in medio ejus*, ℟. *Non commovebitur*; et après la Présentation, au lieu du ℣.

(1) Voyez à la fin de cet écrit les pièces n.° II et III.

(2) Inst. Lit. t. 2, p. 332, 336.

Post partum, Virgo, inviolata permansisti; ℟. *Dei genitrix, intercede pro nobis;* celui-ci : ℣. *Homo natus est in ea;* ℟. *Et ipse fundavit eam Altissimus.*

A l'*Ave regina;* au lieu du ℣. *Dignare me laudare te, Virgo sacrata,* ℟. *Da mihi virtutem contra hostes tuos;* celui-ci : *Elegit eam Dominus,* ℟. *In habitationem sibi.*

Au *Regina cœli;* au lieu de : *Gaude et lætare, Virgo Maria,* ℟. *Quia surrexit Dominus verè;* on a mis : *Circumdedisti me lætitiâ, Domine;* ℟. *Ut cantet tibi gloria mea.*

Au *Salve;* au ℣. *Ora pro nobis, sancta Dei genitrix,* ℟. *Ut digni efficiamur promissionibus Christi;* on a substitué celui-ci : ℣. *Vultum tuum deprecabuntur,* ℟. *Omnes divites plebis.*

Je me contente de les mettre en parallèle, sans y ajouter aucune réflexion, disposé à montrer, s'il le faut, la supériorité des versets du Bréviaire de Paris, pris en eux-mêmes; car il eût été peut-être d'un meilleur goût, puisque l'on gardait les hymnes du Romain, d'en conserver aussi les versets, qui en ont toute la simplicité.

« L'office du jour de la Circoncision, octave de » Noël, qui jusqu'alors avait été en grande partie » employé à célébrer la divine *maternité de Marie,* avait perdu les dernières traces de cette » coutume grégorienne (1). »

(1) Inst. Lit. t. 2, p. 336.

Il est vrai que l'Office de ce jour est employé à célébrer le mystère d'un Dieu qui, par un amour incompréhensible pour nous, s'est revêtu de notre nature, a pris le nom adorable de *Jésus*, c'est-à-dire *Sauveur*, et a commencé à répandre son sang pour notre salut. Mais n'est-ce pas là en effet le grand mystère qui doit être l'objet de la fête de la Circoncision? Célébrer la grandeur du Fils, n'est-ce pas exalter la gloire de la Mère? Ajoutons que la Mère de Dieu n'est nullement oubliée dans cet Office. L'invitatoire, tiré des épîtres de saint Paul, rappelle que le Fils de Dieu est né de la femme, et personne n'ignore que Marie est cette heureuse femme, bénie entre toutes les autres, et qui est devenue mère de Dieu : *Filium Dei factum ex muliere, factum sub lege, venite adoremus.* L'invitatoire du Bréviaire Romain dit seulement : *Christus natus est nobis, venite adoremus.*

La doxologie qui se dit à la fin de toutes les hymnes parle de la maternité divine et de la virginité de Marie; *Qui natus es de virgine*, etc. Il en est de même du ℟. bref de Prime. Dom Guéranger accuse donc à faux quand il dit que dans l'Office de la Circoncision on avait fait disparaître jusqu'aux dernières traces de la divine maternité de Marie.

Et lorsqu'il dit que, dans les nouvelles antiennes des Laudes, tirées de la sainte Ecriture, *rien ne rappelle... le culte de la mère de Dieu*, c'est-à-dire sans doute, sa maternité divine et sa virgnité, il se trompe encore. Car dans la première, on rapporte les paroles de l'Ange qui nous apprennent que ce Sauveur Fils de Dieu, naîtra de Marie: *Pariet Maria Filium, et vocabis nomen ejus Jesum.* Dans la seconde, l'Esprit-Saint nous apprend que la Mère de Jésus était vierge: *Non cognoscebat eam donec peperit filium suum primogenitum.*

« Le nom de Marie continuait toujours d'être » exclu du titre de la fête de l'Annonciation (1). »

J'ai déjà répondu à ce reproche (2).

« L'office de la fête de l'Assomption avait été » privé de ces glorieuses antiennes *Assumpta est* » *Maria in cœlum* (3). » Celles du Bréviaire Parisien sont assurément aussi *glorieuses*; à moins que l'on ne regarde comme un défaut, que la gloire de Marie y soit célébrée avec les paroles mêmes de la sainte Ecriture. Pour n'en donner qu'un exemple: cette première antienne du Parisien: *Quæ est ista quæ ascendit de deserto, deliciis affluens, innixa super dilectum suum;* ne vaut-elle pas bien celle-ci: *Assumpta est Maria in cœlum: gaudent angeli, laudantes benedicunt Dominum?*

« On n'entendrait plus lire,.. ces beaux ser» mons de saint Jean Damascène... qui célé-

(1) Inst. Lit. t. 2, p. 337.

(2) Ci-dessus, p. 58.

(3) Inst. Lit. t. 2, p. 337.

» braient avec tant d'amour et de magnificence » le triomphe de la Vierge Marie (1). » Certes! les sermons de saint Bernard que l'on a substitués ne célèbrent pas avec moins de magnificence et d'amour, le triomphe de la Reine du ciel.

« La nativité de Marie avait perdu le brillant » cortége de ces imposantes et mélodieuses an- » tiennes, etc. (2). »

Ce sont toujours les mêmes plaintives déclamations, tout à fait dépourvues de fondement. Nous ne voulons pas faire de parallèle, et déprécier un Office pour exalter l'autre : que chacun les lise et les compare.

« La fête de la Conception, quel soin n'avait- » on pas pris de la dégrader? D'abord, on l'avait » maintenue au rang de solennel mineur (3); » c'est-à-dire qu'on avait fait pour les fêtes de la sainte Vierge, ce qui avait été fait pour celles de Notre-Seigneur, dont la Nativité est *annuel majeur*, et l'Incarnation seulement *solennel majeur*.

« On avait osé supprimer l'octave de cette » grande fête (4). » Il n'y a d'octave, dans le rit de Paris, que pour les solennels majeurs et au-dessus.

« Montrons maintenant ce que (les auteurs

(1) Inst. Lit. t. 2, p. 558.
(2) *Ib.*
(3) *Ib.*
(4) *Ib.*

» du nouveau Bréviaire) avaient fait contre l'au-
» torité du Saint-Siége apostolique (1). »

Ici vient le reproche d'avoir réuni en une seule fête, la Chaire de saint Pierre à Antioche et à Rome. Nous y avons répondu (2).

« L'invitatoire des Matines était aussi fort re-
» marquable... : *Caput corporis ecclesiæ Dominum;*
» *venite adoremus* (3). »

Quoi qu'en dise l'Abbé de Solesmes, cet invitoire est bien choisi pour rappeler dans la fête du souverain Pontificat de saint Pierre, que, si Jésus-Christ est le chef invisible de l'Eglise, Pierre en est le chef visible.

« Cet Office de la Chaire de saint Pierre était
» remarquable par une hymne de Coffin, dont
» une strophe donnait prise à une juste critique.
» La voici :

Cœlestis intùs te Pater addocet,
Hinc voce certâ progenitum Deo
Parente Christum confiteris,
Ingenito similem parenti.

» Saint Pierre n'a point parlé ainsi, il n'a point
» dit que Jésus-Christ fût simplement semblable
» au Père; les Ariens le voulaient ainsi (4). »

La critique est fort injuste : le poëte rapporte la confession par laquelle saint Pierre re-

(1) Inst. Lit. t. 2, p. 338.
(2) Voyez ci-dessus, p. 101.
(3) Inst. Lit. t. 2, p. 339.
(4) *Ib.*

connut en Jésus-Christ le Fils de Dieu; or que dit saint Pierre? *Tu es Christus Filius Dei vivi.* Que dit la strophe de Coffin? que Jésus-Christ est *Fils* engendré *de Dieu le Père, progenitum Deo parente;* il ajoute : *Semblable au Père qui n'est pas engendré.* Depuis quand est-il défendu aux Catholiques de dire que *le Fils est semblable au Père.* Saint Paul ne l'appelle-t-il pas *l'image du Père?* Est-on obligé, quand on parle du Fils de Dieu, de dire toujours tout ce qu'il est, et en particulier qu'il est *consubstantiel* au Père?

« Le nouveau Bréviaire dépouillait (la fête de » saint Pierre) de son octave (1); » parce que la fête n'était que *solennel mineur.* Voyez ce que nous avons dit plus haut.

« Le beau sermon de saint Léon au second » nocturne, l'homélie de saint Jérôme au troi- » sième, avaient été sacrifiés (2). »

Le sermon de saint Léon a été conservé en entier à la fête du Pontificat de saint Pierre (18 janvier).

On a remplacé l'homélie de saint Jérôme par celle de saint Augustin qui explique admirablement ce trait de l'Evangile si glorieux pour saint Pierre, où Notre-Seigneur lui fait la demande : *M'aimez-vous plus que les autres Apôtres?* et lui dit

(1) Inst. Lit. t. 2, p. 340. (2) *Ib.*

ensuite : *Paissez mes agneaux, paissez mes brebis.*

« On cherchait en vain une autre homélie de
» saint Léon sur la dignité du Prince des Apôtres,
» qui se trouvait au samedi des quatre-temps du
» Carême (1). »

Cette homélie est sur l'Evangile de la Transfiguration. Dans le Bréviaire de Paris, il y a ce jour-là un autre évangile ; on ne pouvait donc pas mettre l'homélie de saint Léon. Mais, dira-t-on, pourquoi a-t-on changé l'évangile? Pour une raison assez simple : c'est que le même évangile se dit encore le lendemain dimanche.

« Dans la légende de l'Office de saint Grégoire
» le Grand, on avait retranché les paroles dans
» lesquelles ce grand Pape se plaint de l'outrage
» fait à saint Pierre par Jean le Jeûneur, Patriar-
» che de Constantinople, qui s'arrogeait le titre
» d'Évêque universel (2). »

Accusation dénuée de vérité. Peut-on comprendre comment l'Abbé de Solesmes a pu se la permettre? Le Bréviaire de Paris en dit plus sur ce fait que le Bréviaire Romain lui-même. Voici le texte du Romain : *Joannis Patriarchæ Constantinopolitani audaciam fregit, qui sibi universalis Ecclesiæ Episcopi nomen arrogabat.* Le Parisien dit : *Joanni Patriarchæ Constantinopolitano for-*

(1) Inst. Lit. t. 2, p. 340. (2) *Ib.*

titer obstitit, qui sibi nomen universalis Episcopi arrogabat : ce qui renferme bien tout ce qui est dans le Bréviaire Romain ; mais le Bréviaire Parisien ajoute ce que ce grand Pape en écrivit à l'impératrice Constantine : *Quâ de re ad Constantinam Augustam ita scripsit : etsi peccata Gregorii tanta sunt, ut pati talia debeat ; Petri tamen peccata nulla sunt, ut vestris temporibus pati ista mereatur ;* par où S. Grégoire déclare qu'en lui réside l'autorité même de Pierre.

« Parlerons-nous des absolutions et bénédic- » tions qu'on avait empruntées à l'Ecriture » sainte (1)? » Singulier reproche !

« Et dont la longueur, la phrase obscure con- » trastaient si fortement avec les anciennes (2). »

Pour répondre au double reproche de longueur et d'obscurité, je me contenterai de rapporter l'absolution et les bénédictions du 1.er nocturne : Absol. *Adaperiat Deus cor vestrum in lege sua, et in præceptis suis, et det vobis cor omnibus ut colatis eum.* 1. Bénéd. *Deus Domini Jesu Christi pater gloriæ det nobis spiritum sapientiæ.* 2. Bénéd. *Filius Dei det nobis sensum ut cognoscamus verum Deum.* 3. Bénéd. *Spiritus veritatis doceat nos omnem veritatem.* Remarquez que l'Abbé de Solesmes reproche tantôt la brièveté et tantôt la longueur.

(1) Inst. Lit. t. 2, p. 542. (2) *Ib.*

Voici un reproche bien mal fondé, et bien inconvenant pour ne pas dire quelque chose de plus.

« Le défaut de clarté... se faisait remarquer » principalement dans la bénédiction de Com» plies (1). »

Or voici cette bénédiction : *Gratia Domini nostri Jesu Christi, et caritas Dei, et communicatio sancti Spiritûs, sit cum omnibus vobis :* c'est-à-dire, *Que la grâce de Notre-Seigneur Jésus-Christ, la communication du Saint-Esprit, et la charité de Dieu soient avec vous tous.* Où est l'obscurité ? Ecoutons les autres reproches.

« D'abord la grâce, et toujours la grâce ! »

A-t-on jamais vu un Chrétien trouver mauvais que l'on parle souvent de la grâce de Jésus-Christ ? Nous sommes bien certain que Dom Guéranger n'a pas voulu blasphémer ; il n'en est pas moins vrai que sa plainte sent le blasphème. Quoi ! lui dirai-je, vous êtes las d'entendre parler de la grâce ! mais elle est l'objet continuel des prières de l'Eglise ; mais la grâce est notre vie ; sans la grâce, nous ne pouvons rien faire absolument de bon, d'agréable à Dieu, d'utile pour le salut ! C'est la grâce que l'Eglise demande au commencement de toutes les heures de l'Office, en priant Dieu de venir à son secours : *Deus, in adjutorium meum intende.* Elle nous invite tous

(1) Inst. Lit. t. 2, p. 342.

à demander la grâce trois fois par jour, en récitant l'oraison de l'*Angelus : Gratiam, tuam, quæsumus, Domine, mentibus nostris infunde*, etc. Devons-nous, de peur d'être janséniste, cesser d'être chrétien ? Ce qui suit ne sent pas moins le blasphème.

« Puis un texte de l'Ecriture (et quel texte), » un texte qui renferme les trois personnes de » la sainte Trinité! »

En vérité, je ne sais à quoi pensait l'Abbé de Solesmes, quand il faisait de tels reproches aux rédacteurs du Bréviaire, et qu'il ajoutait : « Voilà » leur pensée, l'objet de leur triomphe. » On peut voir, si l'on veut, les raisons sur lesquelles il s'appuie, je ne crois pas qu'elles vaillent la peine d'une réponse (1).

Après cela, on ne trouve que des reproches vagues, dont la réfutation demanderait que l'on comparât tous les Offices des deux Bréviaires (2). Voici cependant quelques incriminations spéciales.

« Une grave et déplorable mesure était la » suppression du titre de *Confesseur* (3). »

Expliquons cette déplorable mesure. Dans le commun des Saints du Bréviaire Romain, on met sous le seul titre de *Confesseurs*, *pontifes ou non*

(1) Inst. Lit. t. 2, p. 342.
(2) *Ib.* p. 343.
(3) *Ib.* p. 345.

pontifes, tous les saints Evêques, Abbés, Moines, Laïques. Dans le Parisien, il y a un commun particulier pour chacun de ces ordres de Saints ; que l'on juge lequel des deux est préférable.

« Les prières de la recommandation de l'âme » avaient été tronquées (1). » Je ne sais où Dom Guéranger a pris cela ; je ne vois, dans ces prières, d'autre changement que celui des répons et des versets qui doivent être dits après que le malade a rendu le dernier soupir, et ces versets, s'il y a quelque différence pour la longueur, sont plus longs dans le Bréviaire Parisien : ces prières ne sont donc pas *tronquées*.

Dans l'Office des morts, « l'Office de Laudes » avait été abrégé d'un tiers (2). »

Il est vrai que, dans le Bréviaire Romain, les Laudes ont sept psaumes et un cantique ; et que dans le Parisien, elles n'ont que quatre psaumes et un cantique ; il en est de même pour l'Office de tous les jours. Cela vient de ce que, dans les Laudes du Bréviaire Romain, de plusieurs psaumes on n'en a fait qu'un. Mais dans l'un et l'autre Bréviaire, il y a le même nombre de psaumes pour tous les Offices, tant des vivants que des morts.

Après avoir ainsi discuté le Bréviaire, on en vient au Missel.

« L'évangile de la fête de saint Pierre et de

(1) Inst. Lit. t. 2, p. 345. (2) *Ib.*

» saint Paul.... avait disparu avec son fameux
» texte, *Tu es Petrus*, etc., pour faire place au pas-
» sage du 21.e chapitre de saint Jean, où Jésus-
» Christ dit à saint Pierre, *Pasce oves meas;* texte
» important sans doute pour l'autorité du Saint-
» Siége; mais moins clair, moins populaire, moins
» étendu que, *Tu es Petrus* (1). »

C'est là, sans doute, dans l'esprit de Dom Guéranger, un attentat nouveau contre l'autorité du Saint-Siége.

Les auteurs du Missel avaient eu si peu la volonté de faire disparaître ce texte, qu'ils l'ont mis à l'introït, c'est-à-dire, à l'endroit le plus apparent de la Messe (2); de manière que, dans cette solennité du Prince des Apôtres, au moment du sacrifice, la première parole qui retentit dans l'assemblée des fidèles est celle-ci : *Tu es Petrus*, et tout le reste qui parle si éloquemment de l'autorité suprême du vicaire de Jésus-Christ.

« Pourquoi faire rédiger des préfaces si lon-
» gues et si lourdes (3)? » Si Dom Guéranger les trouve trop *longues*, il ne doit pas faire un crime aux rédacteurs du Bréviaire d'avoir visé à la brièveté.

Comment accuser d'être *lourdes* des préfaces

(1) Inst. Lit. t. 2, p. 369.
(2) Miss. Paris. édit. de 1762.
(3) Inst. Lit. t. p. 2, 371.

qui, au jugement de tous les hommes de goût, sont de vrais chefs-d'œuvre de poésie?

Un des caractères que Dom Guéranger attribue au nouveau Bréviaire, est de favoriser et de *développer le presbytérianisme* (1). Il en donne deux raisons, qui, à coup sûr, persuaderont peu de monde.

La première est que la nouvelle liturgie fut *l'œuvre de simples Prêtres, à laquelle ont pris part des laïques même* (2).

Quel rapport y a-t-il entre le presbytérianisme et la correction ou rédaction d'un Bréviaire par des Prêtres, ou même des laïques.

L'Abbé de Solesmes prétendrait-il que les Archevêques de Paris auraient dû rédiger ou corriger eux-mêmes leur Bréviaire et leur Missel; qu'ils se fussent mis à composer des proses, des hymnes et des préfaces? Il leur eût fallu évidemment, dans ce cas, renoncer à l'administration de leur Diocèse.

A-t-il oublié ce qu'il nous a dit, que les Archevêques de Péréfixe, de Harlay, de Vintimille, chargèrent des commissions spéciales de la révision et de la correction du Bréviaire comme du Missel; et qu'après les avoir examinés ou fait examiner, ils donnèrent des lettres pastorales pour autoriser et ordonner l'usage de ces livres liturgi-

(1) Inst. Lit. t. 2, p. 385. (2) *Ib.*

ques? Comment voit-il dans tout cela *le développement du presbytérianisme?*

Sa 2.e preuve ne vaut pas mieux. C'est que l'on a mis dans les nouveux Bréviaires *un Commun des Prêtres*, lequel *devait bientôt être accueilli en tous lieux par acclamation, à cette époque où les pouvoirs du second ordre étaient proclamés si haut* (1).

Que ceux qui, les premiers, ont proposé d'introduire un Commun particulier des Prêtres, aient voulu relever par là le second ordre du clergé, c'est possible; mais ils ont en même temps honoré la dignité du sacerdoce et rappelé aux Prêtres leurs devoirs : chose fort bonne. Au fond, ce nouveau Commun est plutôt contraire que favorable au presbytérianisme, qui veut égaler les simples Prêtres aux Evêques. Et en effet, est-ce en distinguant les Evêques des Prêtres ou en les confondant, en les graduant entre eux ou en les égalisant, qu'on peut arriver plus tôt au presbytérianisme? C'est sans doute en les confondant. Eh bien! les Bréviaires qui assignent un Commun aux Prêtres, au lieu de les confondre avec les Evêques, les distinguent, au lieu de les égaliser, les graduent. Il est vrai que, par ce nouveau Commun, les Prêtres sont distingués des simples justes, moines ou laïcs; mais cette distinction,

(1) Inst. Lit. t. 2, p. 565.

nous venons de le dire, est très-convenable, très-utile, en ce qu'elle rappelle aux Prêtres l'excellence et la sainteté de leur ministère.

Avons-nous fini d'exposer et de réfuter les accusations de Dom Guéranger contre les livres liturgiques de Paris? Non: en voici une nouvelle, non moins singulière que plusieurs de celles auxquelles nous avons déjà répondu. Dans le Bréviaire de Paris, *on s'est attaché à insérer des hymnes d'une latinité pure.* C'est au fond le nouveau reproche de notre auteur; quoique, pour y mettre quelque apparence de raison, il embrouille, autant qu'il peut, son discours. « On » nous vante, dit-il, le beau latin, le génie an-» tique de Santeuil... Quant à nous, nous pen-» sons que le latin de saint Ambroise, de saint » Augustin, etc., n'est pas la même langue que » le latin d'Horace, de Cicéron, etc., et que » vouloir faire rétrograder la langue de l'Eglise » jusqu'aux *formes payennes* de celles du siècle » d'Auguste, c'est une sottise, si ce n'est pas » une barbarie mêlée d'inconvenance... Comment » se fait-il qu'il ne soit pas rare de trouver des » ecclésiastiques qui... ne sentent pas l'inconve-» nance de parler au vrai Dieu la langue profane » et *souillée* d'Horace (1)? »

Il nous semble fort à propos de rapporter ici

(1) Inst. Lit. t. 2, p. 123, 124.

un jugement un peu différent d'un homme fort en état de juger dans cette matière. Fénélon, en remerciant Santeuil d'une pièce de vers intitulée l'*Amende honorable*, lui dit : « Ce dernier » ouvrage est très-beau. Vous y parlez du Verbe » divin avec magnificence. Le poëte est théolo- » gien, c'est le véritable *vates*. C'est un homme » qui parle comme inspiré dans les choses divi- » nes. D'ailleurs vous peignez parfaitement la » pensée sublime de l'Écriture (1). »

Cette inspiration de Santeuil que Fénélon exalte, est apparemment ce que Dom Guéranger appelle, *les écarts d'une poésie délirante*, *qu'il faut laisser aux théâtres mondains* (2). Revenons à sa plainte et à la confusion de ses idées.

En quoi consistent ces *formes payennes*, qu'il reproche à Santeuil? Où est *l'inconvenance de parler à Dieu et à ses Saints*, dans la langue latine, et de la parler alors dans sa pureté ?

Je distingue trois choses dans les hymnes de Santeuil, la langue, la pureté du style et la poésie. Dom Guéranger ne veut certainement pas proscrire la langue latine, qui est celle de l'Église Romaine. Si la pureté du style est un défaut, qu'il nous en donne les raisons. Il faut, dans ce cas, qu'il condamne le Concile de Trente,

(1) Fénélon, lettre à Santeuil, t. 23, p. 334, édit. de 1834, Besançon.

(2) Inst. Lit. t. 2, p. 122.

dont le latin est si pur; il faut qu'il blâme les bulles et allocutions des Papes, dont le style est si beau, et coule avec tant de douceur et d'abondance.

Est-ce la poésie de Santeuil qu'il réprouve? Mais aucune poésie ne se rapproche plus de celle des Prophètes; tout homme de goût peut s'en convaincre, et c'est, on vient de le voir, le jugement qu'en porte Fénélon.

Dom Guéranger aurait voulu que l'on fût revenu aux hymnes de saint Ambroise, de saint Augustin, et autres SS. PP. Ce n'était pas l'avis du Pape Urbain VIII; il *regrettait que les SS. PP. eussent plutôt ébauché que perfectionné leurs hymnes :* « La décence du service divin lui semblait » réclamer impérieusement une réforme sur cet » article, » *et elle se fit par son ordre* (1).

Pour ne rien négliger de ce qui pouvait rendre odieux le rit parisien, l'Abbé de Solesmes en vient à des reproches que l'on peut appeler, je prie le lecteur de me pardonner ce terme, que l'on peut appeler *pitoyables.* Cet auteur ne va-t-il pas s'occuper des images qui sont, ou ne sont pas, dans les Missels et les Bréviaires de Paris?

Il déplore « dans les Missels et les Bréviaires, » la suppression de ces riches et nombreuses

(1) Inst. Lit. t. 2, p. 20.

» gravures qui ornaient jusque là ces livres, à
» l'endroit de l'Office des fêtes solennelles (1).

Ce désordre si grave s'en allait croissant : « Dans la seconde moitié du XVIII.[e] siècle, les » Missels du reste de la France gardèrent à grand' » peine un frontispice gravé, et la plupart se » bornèrent au crucifix, dont on n'osa pour- » tant déshériter la première page du canon (2). »

Voici un autre malheur.

« Heureux quand on ne s'avisa pas, comme » au Parisien de 1738, de rapprocher les bras » du Christ au-dessus de sa tête, pour l'empêcher » d'embrasser tous les hommes. On sait que c'é- » tait un symbole cher aux Jansénistes (3). »

En vérité, quelques images de moins dans nos Missels, les bras du Christ rapprochés sur sa tête, sont-ce là des motifs raisonnables à faire valoir contre une liturgie ? Mais voici pire encore.

On trouvera peut-être que je manque d'égards envers l'Abbé de Solesmes, que je ne garde pas assez de mesure en repoussant ses imputations. Mais, je le demande, aurait-il le droit de former une pareille plainte? Est-il fondé à nous l'adresser pour lui-même, après qu'il a traité les Évêques et l'Église de France entière avec tant d'inconve-

(1) Inst. Lit. t. 2, p. 440.
(2) Ib.
(3) Ib.

nance, d'indignité, de hauteur, de mépris? Cependant, je répète ici la déclaration que j'ai faite : en réfutant les incriminations des Institutions Liturgiques, je ne m'occupe que de l'ouvrage, et n'examine pas les intentions de l'auteur. J'en relève les excès avec douleur, mais sans amertume.

La dernière accusation intentée par l'Abbé de Solesmes contre les Évêques, a surtout de quoi nous faire gémir pour lui. Elle est si odieuse, si indécente, si flétrissante, et en même temps si injuste, que tout ce que j'ai dit de plus fort en réfutant son ouvrage, paraîtra bien modéré aux yeux des hommes impartiaux.

L'Abbé de Solesmes accuse d'abord les nouveaux Bréviaires et les nouveaux Missels de la décadence de tous les arts.

« On vient, dit-il, de voir ce que l'innovation » du XVIII.e siècle sut faire du chant ecclésiastique ; » les autres arts suivirent la Liturgie dans sa dégradation... La décadence fut plus profonde et » plus humiliante encore, quand les Églises de » France, en si grand nombre, eurent abjuré les » traditions antiques de la Liturgie... La statuaire... n'avait plus pour représenter Marie, que » les attitudes niaises de la Vierge de Bouchardon, ou la grosse et forte prestance que Bridan » a su donner à la Reine des Anges (1). »

(1) Inst. Lit. t. 2, p. 458, 459.

Vous le voyez, ce furent les nouveaux Bréviaires, par conséquent les Evêques qui les publièrent, qui furent cause de la dégradation de tous les arts. Ils eurent un autre tort, et bien grave, qui étonne l'Abbé de Solesmes.

« Comment, dit-il, de pareilles œuvres, et » nous citons ici, PAR PUDEUR, ce que cette épo- » que produisit de moins grossier, comment de » pareilles œuvres pouvaient-elles être acceptées » pour l'ornement des Eglises (1)? »

Le Clergé de France avait donc perdu le sentiment de la pudeur, puisqu'il acceptait pour l'ornement des Eglises de pareilles œuvres!

Mais le ciel tira vengeance de ces scandales; l'Abbé de Solesmes en est dans l'admiration.

« C'est ici, dit-il, qu'il faut admirer les juge- » ments de Dieu. Il est écrit que quiconque s'é- » lève indiscrètement par l'esprit, tombera dans » la chair; c'est la loi universelle (2). »

Les Evêques de France, ainsi que leurs prêtres tombèrent donc dans la chair! L'auteur adoucit cependant un peu son accusation. De quelle manière? il en fait des hommes dépourvus de tout sentiment du bon et du beau.

« Comme les partisans de l'innovation ne » sentirent pas toute leur faute, à raison de » LEUR COMPLÈTE IMPUISSANCE DANS LES CHOSES DE

(1) Inst. Lit. t. 2, p. 459. (2) *Ib.*

» LA POÉSIE, Dieu, en permettant que le SENS DU » BEAU S'ÉTEIGNÎT EN EUX, et les livrant à la merci » des artistes dégradés du siècle de Louis XV, » ne permit pas qu'ils eussent la conscience des » profanations qu'ils leur laissèrent accom- » plir (1). »

Je ne comprends pas bien ceci : Quand *Dieu ne permit pas que les partisans de l'innovation*, c'est-à-dire, des nouveaux Bréviaires, *eussent la conscience des profanations* qu'ils laissaient faire, était-ce indulgence de la part de Dieu, ou bien était-ce une plus grande rigueur ? Il semble d'abord que c'était indulgence, pour des coupables stupides, qui n'avaient pas senti toute l'étendue de leur faute. D'un autre côté, il y a lieu d'y voir une plus grande rigueur ; car ôter à l'homme la conscience du mal qu'il fait, c'est l'aveugler, ce qui est une des plus grandes punitions de Dieu sur nous. Mais pourquoi nous arrêter à relever des contradictions dans l'ouvrage de Dom Guéranger, quand nous avons à lui reprocher la plus indigne des accusations intentées par lui contre les Evêques?

« Ils (les partisans de l'innovation) se livrè- » rent si complètement, et avec une telle abné- » gation, à ces artistes DE CHAIR, que le Bré- » viaire Parisien de 1736 lui-même montra sur

(1) Inst. Lit. t. 2, p. 439.

» son frontispice d'ignobles courtisanes affu-
» blées des attributs de la religion. On avait
» même trouvé moyen de les varier à chacun des
» quatre volumes, comme pour montrer la ri-
» chesse du pinceau abruti de ce temps-là. Le
» Missel de 1738 offrait aussi à son frontispice
» une *virago* » (quelle expression indécente! j'ose dire obscène, dans des Institutions Liturgiques!) « lourdement assise sur des nuages, et
» chargée pareillement de représenter la Reli-
» gion (1). »

En supposant vrai que les artistes se fussent portés à ces excès, je demande à l'Abbé de Solesmes, si l'Archevêque de Paris en a été instruit, et assez à temps pour y apporter remède? a-t-il enfin consenti à cette horrible profanation? S'il dit que l'Archevêque y a consenti, il lui impute un véritable crime, et il ne devait le lui imputer qu'autant qu'il en aurait eu des preuves incontestables. Encore la question serait-elle de savoir, s'il fallait transmettre un pareil scandale à la postérité. Si l'Archevêque l'a ignoré, ou ne l'a pas su à temps pour l'empêcher, il le calomnie indignement en nous le représentant comme tombé dans cet abîme *par un juste jugement de Dieu*.

L'Abbé de Solesmes intente la même accusation, mais d'une manière encore plus expresse et plus

(1) Inst. Lit. t. 2, p. 439, 440.

odieuse, contre l'Evêque qui siégeait à Chartres en 1782.

« Nous devons signaler, c'est l'Abbé de Solesmes » qui parle, COMME LE DERNIER EFFORT DU SCANDALE, » le frontispice du Missel de Chartres de 1782, » dans lequel la Vierge immaculée... a été outra- » gée avec une impudeur qui nous interdit toute » description (1). »

Qui ne croirait que l'accusateur a vu de ses propres yeux les prodiges d'impiété qu'il signale? J'ai écrit pour connaître la vérité; la personne à qui je me suis adressé, m'a mis en état de voir de mes propres yeux la fausseté d'une si étrange accusation : elle m'a envoyé la gravure même incriminée où règne cependant la décence la plus sévère. La sainte Vierge y est à genoux sur un nuage, priant son Fils pour la ville et le diocèse de Chartres, comme l'indique l'inscription mise au bas : *Da mihi hunc populum pro quo obsecro.* Il est impossible d'imaginer un vêtement plus complet et où la pudeur soit plus respectée. Jésus-Christ n'est découvert que comme il l'est dans toutes les peintures et les sculptures qui le représentent. En haut paraît le Père éternel sous les traits d'un vieillard et avec le costume que les peintres lui donnent; sur la même ligne on voit le Saint-Esprit sous la

(1) Inst. Lit. t. 2, p. 440.

forme d'une colombe. La censure du P. Guéranger est donc inconcevable.

Quant aux gravures du Bréviaire de Paris, voici la réponse que l'on m'a faite :

Monseigneur,

Nous n'avons dans notre bibliothèque que le tome 1.er de Dom Guéranger ; mais j'ai lu textuellement les passages que vous citez, chez un libraire où j'ai trouvé le 2.e volume. J'y ai vu d'autres choses aussi étranges, et qui n'ont pu être écrites que par un homme que la manie du système aveugle. Notre Bréviaire de 1736, in-4.°, contient au frontispice de chaque partie, une gravure différente. On y a représenté la Foi, l'Espérance, la Charité et la Religion, sous les emblèmes ordinaires, et la décence y est parfaitement observée. Ces figures ont été dessinées par Boucher, peintre célèbre de cette époque ; mais chez qui on ne retrouve pas la sévérité de dessin du temps de Louis XIV, à laquelle on est revenu dans ces derniers temps. Il y a plus d'abandon et de mollesse ; c'était le goût du temps. Mais on n'en peut rien conclure contre le Bréviaire, ni contre l'Archevêque qui l'a donné et le Chapitre qui l'a approuvé. C'est aux libraires seuls qu'il faut s'en prendre ; puisque c'étaient eux qui choisissaient et le dessinateur et le graveur.

Au reste, Monseigneur, plusieurs Bréviaires ont reproduit les gravures de Paris sur leur frontispice, entre autres celui de Toulouse de 1770, et ceux des diocèses de la même province qui furent imprimés alors.

V.

BEAUTÉ DU BRÉVIAIRE DE PARIS.

On peut juger maintenant quelle confiance il faut avoir aux incessantes déclamations de Dom Guéranger contre le Bréviaire de Paris, et contre ceux du même rit qui ont été publiés dans un grand nombre de diocèses. J'ai suivi ce rit, pendant près de cinquante ans, à Paris, à Bayonne, à Toulouse; or je déclare que je l'ai trouvé très-beau.

L'Abbé de Solesmes a prétendu, et il le répète souvent, que les rédacteurs ont visé surtout à le rendre court (1). Il est, quoi qu'il en dise, d'une juste longueur. Il y aurait peut-être plus d'inconvénient dans une longueur excessive que dans une brièveté un peu trop grande. Trop de longueur fatiguerait les bons ecclésiastiques qui s'appliquent à dire leur Office avec dévotion, et porterait les autres à en précipiter la récitation d'une manière indécente. Les Offices semi-doubles, dans le courant de l'année, si on veut s'acquitter convenablement de ce devoir, exigent bien une heure de temps; il faut plus d'une heure pour un Office double.

Un avantage inappréciable, c'est que chaque

(1) Inst. Lit. t. 2, p. 309, 341, 391.

jour, même aux Offices des Saints, on dit des psaumes différents, tellement distribués, que dans la semaine on récite tout le Psautier. Il n'y a d'exception que pour les fêtes les plus solennelles, pour lesquelles on choisit les psaumes les plus analogues au mystère du jour, ce qui relève encore la solennité de ces fêtes.

Les Prêtres chargés de la prière publique, se rendent familiers par là tous ces cantiques sacrés, inspirés de Dieu pour suggérer à son Eglise, non-seulement les sentiments d'adoration de reconnaissance, de componction, d'humilité, d'amour, par lesquels il veut être honoré ; mais les termes mêmes dans lesquels il aime à recevoir ces hommages. S'ils devaient réciter chaque jour les mêmes psaumes, l'habitude de les répéter en affaiblirait le goût, et ceux qu'ils ne réciteraient presque jamais toucheraient moins leur piété.

Parmi les psaumes, il y en a de très-longs, qui équivalent à trois et à six d'une longueur ordinaire. Saint Benoît prescrit dans sa règle que ces psaumes soient divisés en plusieurs parties, et que chaque division soit terminée par la doxologie, *Gloire au Père*, etc. ; un ancien Concile l'ordonne de même : par ce moyen les offices sont tous d'une longueur convenable et à peu près égale. Or, c'est ce qu'on a pratiqué dans le Bréviaire de Paris... Le Bréviaire Romain en avait donné l'exemple pour le psaume 118.

On a fait encore une chose utile, en proposant un sujet particulier de méditation pour l'Office de chaque jour de la semaine, et y réunissant les psaumes qui sont plus relatifs à ce sujet. L'attention se fixe beaucoup mieux sur un point de méditation déterminé. Un autre avantage, c'est qu'en cherchant à appliquer les psaumes au sujet proposé, l'esprit s'accoutume à découvrir dans la sainte Écriture les divers sens qu'elle renferme.

Les hymnes sont encore une des beautés du Bréviaire Parisien, tous les hommes de goût, qui veulent être impartiaux, les admirent.

La sainte Ecriture y est parfaitement appliquée aux divers Mystères, et aux Saints dont on célèbre les fêtes.

On a eu soin de rapprocher si heureusement les textes de l'ancien Testament et du nouveau, que l'on saisit parfaitement l'accord admirable de l'un avec l'autre. C'est ce qu'on peut vérifier dans toutes les parties du Bréviaire. Nous citerons en particulier l'Office de la très-sainte Trinité, qui est le mystère le plus fondamental de la religion. On y voit énoncer ou indiquer dans presque tous les capitules, les répons et les antiennes, ou l'unité de Dieu, ou la trinité des personnes, souvent l'une et l'autre ensemble.

On a eu soin d'éviter les répétitions des mêmes versets, des mêmes répons, des mêmes antiennes, etc., comme, dans le Missel, les répétitions des introïts et des évangiles; ce qui a donné la possibilité de rapporter un beaucoup plus grand nombre de textes de la sainte Ecriture : les Prêtres ne peuvent jamais la connaître assez.

Un des précieux avantages du Bréviaire de Paris, est qu'un Ecclésiastique qui le récite avec piété et avec attention, ne peut manquer d'acquérir une grande connaissance de la religion, et par là même une grande facilité pour en instruire solidement les fidèles. Nous avons vu ce qu'a dit l'Abbé de Solesmes, que c'était *un arsenal pour la controverse* (1).

Peut-être que le mérite le plus grand de tous, sous le rapport de l'instruction, est d'avoir mis à la fin de Prime, pour chaque jour de l'année, un canon tiré des Conciles ou des SS. PP. ; de manière que tous ceux qui sont tenus à la récitation de l'Office divin, lisent nécessairement chaque année trois cent soixante-cinq canons, contenant la tradition de l'Eglise sur le dogme, la discipline et la règle des mœurs. L'Abbé de Solesmes n'a pu s'empêcher de louer cette addition faite au Bréviaire Parisien (2).

Tel est le Bréviaire que l'Abbé de Solesmes veut enlever à la France. En plus d'un endroit, il exprime cette espérance, qu'il fonde sans doute sur le grand effet que doivent produire les dé-

(1) Inst. Lit. tom. 2, p. 85. (2) *Ib.* p. 325.

clamations continuelles et injustes de ses Institutions liturgiques. Heureusement le Saint-Siége est plus sage que cet auteur.

Mais n'est-il pas vrai que ce Bréviaire tend à diminuer le *culte de la sainte Vierge, des Saints, à affaiblir l'autorité des souverains Pontifes, et à favoriser les erreurs des Jansénistes?* Je le nie.

D'abord, je n'y vois rien, non plus que dans le Missel, qui tende à diminuer le culte de la sainte Vierge; j'y trouve même le contraire. Dans l'Office *de Beata* du samedi, je vois à Complies, une hymne propre en l'honneur de la sainte Vierge, ce qui n'est pas dans le Romain. Les trois premiers mots, *Virgo Dei genitrix*, nous disent toutes les grandeurs de Marie, sa virginité et sa maternité divine. On déclare ensuite que tous les peuples l'honorent comme leur mère et leur maîtresse; *Hinc populi matrem te dominamque colunt.* On la prie de recevoir avec bonté les honneurs qui lui sont rendus par le peuple fidèle; *Suscipe quos pia plebs tibi pendere certat honores*, et de lui accorder la protection qu'il sollicite de sa bonté. *Annue sollicita quam prece poscit opem.* Cette hymne, si dévote envers Marie, ne se dit pas seulement à l'Office du samedi; mais aux autres fêtes de la sainte Vierge.

Tout le temps, depuis la Circoncision jusqu'au dimanche de la Septuagésime, est consacré à célébrer la naissance du Sauveur et la maternité divine de la très-sainte Vierge, dont on fait mémoire tous les jours à Vêpres et à Laudes : il n'en est pas ainsi dans le Romain.

A toutes les fêtes de la Mère de Dieu, il y a trois ou même quatre hymnes en son honneur ; et quelles hymnes! Celle des II.es Vêpres du jour de la Présentation de Notre-Seigneur et de la Purification de Marie, *Stupete, gentes*, est célèbre. Je ne rapporterai que celle des Matines de l'Assomption ; on ne peut exalter par une poésie plus sublime le triomphe de Marie.

Quæ cœlo nova nunc additur hospes !
Sese tota poli regia pandit :
Ruptis Virgo parens libera vinclis,
Caro se properat reddere Nato.

Quantùm delituit paupere tecto,
Tantùm splendida nunc fulget in astris :
Se velare, quibus mater amabat,
Densis natus amat rumpere nubes.

Olim quæ fuerat juncta marito,
Et de connubio credita mater,
Totum jam colitur nota per orbem
Cum matris titulis integra Virgo.

Ancillæ tribuit quæ sibi nomen,
Cœlesti dominans regnat in aula :
Quæ tot passa neces prolis amore,
Jam secura, suâ prole triumphat.

Nostras, tu nova Lux, discute noctes :
Tu, Regina, graves solve catenas ;
Cæcos, Stella maris, dirige cursus ;
Da, quo tu frueris, cernere Natum.

Divinæ Soboli qui dare matrem
In terris voluit, gloria Patri :
Cujus Virgo parens, gloria Nato :
Quo fœcunda, tibi gloria, Flamen.

La veille de cette fête si solennelle de Marie, il n'y a dans le Bréviaire Romain que l'homélie et la mémoire de la sainte Vierge; dans le Parisien, tout l'Office est de la vigile, avec deux belles hymnes. Il est du rit double aux petites Heures.

Que dirons-nous de la prose, *Inviolata*, qui est propre au Bréviaire Parisien, et que l'on trouve à la suite du petit Office de la sainte Vierge, dans l'édition même de 1736? Peut-on invoquer cette bienheureuse Mère du Sauveur, avec une confiance plus filiale, un amour plus tendre, une admiration plus féconde en louanges? On la chante ordinairement après le *Pange lingua* ou le *Tantum ergo*, au moment où l'on va donner la bénédiction du Saint-Sacrement, c'est-à-dire qu'on célèbre la gloire de la Mère, pour obtenir de plus abondantes bénédictions de la part du Fils.

Je ne peux m'empêcher de la consigner ici.

Elle est peut-être peu connue dans quelques diocèses de France.

Inviolata, integra et casta es, Maria :
Quæ es effecta fulgida cœli porta.

O Mater alma Christi carissima !
Suscipe pia laudum præconia.

Nostra ut pura pectora sint et corpora,
Te nunc flagitant devota corda et ora.

Tua per precata dulcisona,
Nobis concedas veniam per secula.

O benigna ! O benigna ! O benigna !
Quæ sola inviolata permansisti !

On la chante à deux chœurs, et le chant en est aussi affectueux que les paroles.

Voit-on dans tout cela l'intention de *diminuer le culte de la sainte Vierge?*

Quant aux Saints, j'ai dit que l'on avait poussé peut-être trop loin la critique sur l'authenticité de leur vie et de leurs miracles; j'ai exprimé le regret qu'on eût supprimé les Offices ou les mémoires de quelques saints Papes martyrs; mais on célèbre encore un grand nombre de fêtes des Saints, leurs Offices sont très-beaux, et l'on y rapporte un assez grand nombre de miracles, pour affermir la foi et exciter la dévotion et la confiance envers ces amis de Dieu, déjà en possession de la gloire qui leur a été acquise par les mérites du Sauveur. On n'a qu'à lire leurs Offices et leurs légendes. Voyez en particulier ceux de sainte Geneviève, de saint Maur, saint Antoine, saint Vincent, saint Polycarpe, sainte Scholastique, sainte Marie Egyptienne, saint Benoît, saint Germain d'Auxerre, saint Martin de Tours, la fête de sainte Geneviève des Ardents; dans tous ces Offices on rapporte assez de miracles pour qu'on ne puisse pas accuser les rédacteurs d'avoir été ennemis de la gloire des Saints.

Mais ne se sont-ils pas appliqués à *affaiblir l'autorité des souverains Pontifes?* Que quelqu'un d'entre ces rédacteurs, sous des prétextes spécieux, eût obtenu des changements qui tendraient à ce but, la chose ne serait pas impossible; mais l'ensemble du Bréviaire justifie suffisamment de cette accusation les rédacteurs en général, et encore plus les Archevêques qui l'ont approuvé.

La fête du *Pontificat de saint Pierre* en dit plus pour l'autorité des souverains Pontifes, que la réunion des deux Chaires du prince des Apôtres en une seule fête ne peut nuire à cette autorité.

Quelle profession plus éclatante du pouvoir de Pierre, que l'introït de sa plus grande fête, commençant par ces mots : *Tu es Petrus*, suivis des célèbres paroles par lesquelles le Fils de Dieu lui a conféré la puissance des clefs, et a fait ainsi de cet Apôtre et de ses successeurs le fondement de son Eglise.

On a prétendu que c'est surtout dans les hymnes, que l'on a déprimé la puissance du Vicaire de Jésus-Christ : qu'on lise donc cette première strophe de l'hymne des Laudes, dans l'Office *de son Pontificat*, c'est-à-dire de ses deux Chaires :

Qualis potestas, Petre, quis terris honos,
Cui jura Christus ipse concessit sua !
Quidquid ligabis, quidquid et solves solo,
Hoc et ligabit, solvet et polo Deus, etc.

Dans l'édition du Bréviaire de Vintimille de 1745, et encore de son vivant, on fit un autre choix des canons de Prime, parmi lesquels on mit celui-ci, qui est assurément bien favorable à l'autorité des souverains Pontifes :

Ex libro septimo sancti Optati Episcopi, de schismate Donatistarum.

Christus omnes discipulos suos voluit in uno esse. Dùm nollet se negari, promisit apud Patrem se negaturum esse qui se negaret; et tamen bono unitatis beatus Petrus, cui satis erat si post quod negaverat saltem veniam consequeretur, claves regni cœlorum communicandas cæteris solus accepit (1).

(1) Fer. 4, Hebd. 2, post Epiph.

Enfin, on accuse les hymnographes du Bréviaire Parisien, de ne jamais rien dire contre les hérésies du temps. Une réponse générale qu'on doit faire contre cette accusation, c'est que si les mystères de la Religion et les vertus éclatantes des Saints sont de beaux sujets pour la poésie, il n'en est pas de même des points de controverse. Par exemple, que le Fils de Dieu soit mort pour le salut du monde, cette bonté incompréhensible est bien capable d'enflammer le génie du poëte ; mais s'il lui fallait argumenter pour prouver aux Jansénistes que le Sauveur n'est pas mort pour les seuls élus, son enthousiasme se soutiendrait difficilement. Du reste, le mystère de la mort de Jésus-Christ pour notre salut est souvent traité dans nos hymnes ; on y dit même qu'il est mort pour le salut de tous.

Lignum crucis mirabile
Totum per orbem prominet,
In qua pependit innocens,
Christus, redemptor omnium (1).

Orbis redempti qualia pignora (2) !

C'est encore une hérésie des Jansénistes de dire que la grâce fait tout en nous dans le bien

(1) Voyez l'hymne des Matines de la fête de l'Exaltation de la sainte Croix.

(2) *Ib.* Hymne des 1.res Vêpres.

que nous opérons; que notre libre arbitre n'y est pour rien. Pour soutenir leur erreur, là où saint Paul dit : *J'ai travaillé plus que tous les autres, non pas moi toutefois; mais la grâce de Dieu avec moi : gratia Dei mecum* (1); ils traduisent par *la grâce de Dieu qui est en moi.* Eh bien ! cette erreur est attaquée dans l'hymne que l'on dit à Laudes, depuis le dimanche de la Septuagésime jusqu'au Carême dans l'Office du temps.

Qui nos creas solus Pater,
De pristino lapsos statu
Non solus instauras : simul
Nostros labores exigis.

Les Jansénistes ont dit qu'on ne pouvait pas résister à la grâce : dans la sixième strophe de cette hymne, on suppose cette résistance :

At obstinatis vindicem
Iram reservas.

Le Bréviaire de Paris ne combat pas les erreurs des Jansénistes seulement dans ses hymnes; mais encore dans ses antiennes, dans ses répons. On a mis dans l'Office propre du même temps de la Septuagésime, pour l'antienne de None du Dimanche, ce beau passage de la Sagesse : *Nihil odisti eorum quæ fecisti, parcis autem*

(1) 1 Cor. xv. 10.

omnibus; quia tua sunt, Domine, qui amas animas; et dans le capitule : *Deus mortem non fecit, nec lætatur in perditione vivorum*, où sont condamnés ceux qui veulent que Dieu ait prédestiné les méchants au mal et à la mort éternelle.

Cette hérésie est encore plus directement combattue par le répons de la première leçon des féries du Carême, répons qu'on lit tous les jours jusqu'à Pâques : ℟. *Projicite à vobis omnes prævaricationes vestras, et facite vobis cor novum et spiritum novum; quia nolo mortem morientis, dicit Dominus; revertimini et vivite;* JE NE VEUX PAS LA MORT DE CELUI QUI MEURT. Peut-on s'exprimer plus fortement contre l'hérésie détestable qui attribue à Dieu de vouloir la réprobation de ceux qui se damnent?

Mais, dit l'Abbé de Solesmes, « rien n'est » moins étonnant que ce soin qu'avaient eu les » rédacteurs du Bréviaire, d'insérer dans leur » œuvre un certain nombre de textes (favora- » bles à la saine doctrine) qu'on aurait à faire » valoir en cas d'attaque (1). » Je fais observer là dessus que ces rédacteurs pouvaient bien placer les textes en question de manière qu'on n'eût à les dire qu'une fois. Comment se fait-il qu'ils les aient mis au Propre du temps, à une époque où l'on fait presque toujours l'Office de la

(1) Inst. Lit. t. 2, p. 363, ch. 18.

férie, ce qui met les Prêtres dans la nécessité de les réciter à peu près tous les jours, et de s'inculquer mieux les vérités qui y sont contenues ?

Je crois avoir justifié suffisamment le Bréviaire de Paris, et avoir donné quelque idée de sa beauté, que l'on ne peut du reste bien apprécier qu'autant qu'on le connaît parfaitement. Mais il me semble entendre Dom Guéranger qui me dit ce qu'il a répété mille fois, et en quoi il met toute sa force : Après tout, quelle confiance peut-on avoir en un Bréviaire rédigé par des hérétiques ? Car *aujourd'hui le jansénisme est rangé sans contestation au nombre des hérésies.*

Je réponds d'abord : Nous avons justifié le Bréviaire de toute hérésie ; puisque l'Abbé de Solesmes n'a pu y en trouver aucune, et que la seule proposition qu'il traitait d'hérétique, est, comme nous l'avons prouvé, parfaitement orthodoxe. De plus, nous avons montré que ce Bréviaire, au lieu de favoriser l'hérésie, offrait des armes contre elle. Ce double fait posé, j'en conclus que si le Bréviaire est sorti si pur d'une source impure, il faut bénir Dieu qui, dans cette occurrence, comme dans une infinité d'autres, a protégé l'Eglise de France contre les machinations de l'erreur.

Je réponds ensuite à Dom Guéranger, en lui proposant moi-même une difficulté : Les Evêques qui ont publié les nouveaux Bréviaires, n'étaient nullement favorables aux Jansénistes ; comment ont-ils pu les charger de la rédaction ? Ecoutons la réponse, elle est en propres termes dans les *Institutions Liturgiques* : « Cet Archevêque (François de Harlay), comme plusieurs Prélats ses » collègues..., professaient un éloignement éner- » gique pour la doctrine de Jansénius sur la grâce. » Ils pouvaient se servir des gens du parti quand » ils en avaient besoin, mais ils savaient les con- » tenir. L'histoire de l'Eglise au XVII.ᵉ siècle dé- » pose de cette vérité (1). »

J'ajouterai à cela quelques observations. Dans le commencement des hérésies, tant que leurs partisans ne sont pas ouvertement en révolte contre l'Eglise, et qu'ils ne se séparent pas des vrais fidèles, on est beaucoup moins sévère à leur égard. C'est ce qui est arrivé pour les Jansénistes, qui ont eu pour système constant de ne jamais se séparer ouvertement, et ont employé toutes les subtilités possibles, les distinctions du fait et du droit, le silence respectueux, l'appel au souverain Pontife mieux informé, etc., pour conserver l'apparence de l'orthodoxie.

Il y avait d'ailleurs parmi eux des hommes fort instruits, très-versés dans les saintes Ecritures, et par là même très en état de travailler à la correction des livres liturgiques.

(1) Inst. Lit. t. 2, p. 78.

Et qu'on ne croie pas, ce que Dom Guéranger ne cesse de nous faire entendre, que les partisans du jansénisme dominaient parmi les rédacteurs des Bréviaires. D'abord il nous a appris lui-même, que les Evêques qui les employaient *savaient bien les contenir* (1).

Ajoutons que dans la Commission nommée par François de Harlay, sur onze membres, Dom Guéranger n'en réprouve que trois, encore y en a-t-il un qu'il accuse seulement d'être *imbu des principes de l'école française de son temps;* c'est *Claude Chastelain, homme*, dit-il, *véritablement savant dans les antiquités liturgiques* (2). Si Dom Guéranger l'avait pu, il n'aurait pas manqué de jeter sur lui une couleur janséniste.

Les deux autres sont *Jacques de Sainte-Beuve* et *le Tourneux*. Il ne reproche autre chose à Sainte-Beuve que d'avoir refusé de signer la *condamnation de la doctrine de son ami Antoine Arnaud, en 1658;* fait postérieur à l'émission du Bréviaire, et il lui rend la justice de dire *que depuis il signa le formulaire* (3). Ce devait être un homme fort recommandable; puisqu'il fut choisi pour théologien du clergé. *La collection de ses Cas de conscience*, dit Feller, *décèle beaucoup de savoir, de jugement et de droiture.*

Les ouvrages de le Tourneux furent condam-

(1) Inst. Lit. t. 2, p. 78, 79.
(2) *Ib.* p. 76.
(3) *Ib.*

nés par le Saint-Siége, cela est vrai; mais Dom Guéranger lui-même observe qu'ils ne furent condamnés qu'après sa mort.

Je demande si cette Commission, composée de onze membres qui, à l'exception de deux, méritent les éloges de l'Abbé de Solesmes, ne devait pas inspirer de la confiance.

On ne peut pas en dire autant, je l'avoue, des trois docteurs employés par Ch. de Vintimille; savoir: Vigier (1), Mézenguy et Coffin (2). N'allons pas cependant nous effrayer trop de ce qu'en dit Dom Guéranger.

« Le P. Vigier, dit-il, bien qu'il n'eût pas » appelé de la Bulle, sa réputation n'en était pas » moins celle d'un homme rebelle dans le fond » de son cœur (3). » Singulière façon de juger les gens, non par leurs actions, mais par ce qui se passe au fond de leur cœur! Mais, dit-il, « il composa, pour aider à la pacification des » esprits, un mémoire dans lequel il écartait de » la Bulle le caractère et la dénomination de » *règle de foi*, la qualifiant simplement de règle» ment provisoire de police (4). » Qui ne sait que, pour finir les divisions, on cède souvent plus qu'on ne doit; mais le choix que *le général*

(1) Quelques-uns l'appellent *Viger*; le Dict. Hist. l'appelle bien Vigier, et ce ne peut pas être une faute d'impression.

(2) Inst. Lit. t. 2, p. 362.

(3) *Ib.* p. 297.

(4) *Ib.* p. 297, 298.

de l'Oratoire, le P. Lavalette, avait fait de lui pour pacifier les esprits et faire recevoir la constitution (1), prouve qu'il n'était pas, *dans le fond du cœur*, aussi *rebelle* qu'on veut le dire.

Le P. Vigier avait une grande réputation de science; en effet, un homme qui, à lui seul, *avait enfanté le Bréviaire de Paris* (2), ne pouvait être un esprit médiocre; et il était bien naturel que l'on parlât de lui à Ch. de Vintimille, quand il voulut donner à son Eglise un *nouveau corps d'Offices* (3).

Il n'est pas aussi facile de justifier le choix de Mézenguy, s'il est vrai que dès 1728 il avait été obligé de quitter le collége de Beauvais, à cause de son opposition à la Bulle. Ce qu'il y a cependant à remarquer, c'est que c'est à lui principalement que l'on doit le Missel de Paris. Or, de l'aveu de tout le monde, le Missel est encore préférable au Bréviaire. « Dans le fait, dit Dom Guéranger lui-» même, l'on doit convenir que le Missel était » généralement plus pur que le Bréviaire (4). »

Il donne aussi de grands éloges au talent de Coffin, en ces termes : « Nous mettons, dit-il, » son mérite comme hymnographe, beaucoup » au-dessus de celui de Santeuil, pour le véri-» table genre de la poésie sacrée (5). »

« Ses hymnes, dit Feller, qui n'est pas ici

(1) Inst. Lit. t. 2, p. 297.
(2) Feller.
(3) *Ib.* p. 299.
(4) *Ib.* p. 379.
(5) *Ib.* p. 300.

» suspect, furent adoptées dans tous les Bré- » viaires nouveaux. Une heureuse application » des grandes images et des endroits les plus » sublimes de l'Ecriture, une simplicité et une » onction admirables, une latinité pure et déli- » cate, leur donneront toujours un des premiers » rangs parmi les ouvrages de ce genre. Si Santeuil » s'est distingué par la verve et la poésie, Coffin » a eu cette simplicité majestueuse qui doit être » le caractère de ces sortes de productions (1). »

Mais c'était un *appelant*, un *hérétique notoire*, si opiniâtre que *l'Eglise de Paris elle-même, quand son hymnographe fut sur le point de mourir, lui refusa le baiser de paix de sa communion* (2).

Je ne peux répondre ici autre chose, si ce n'est, d'abord, que lorsqu'on lui a demandé des hymnes pour le Bréviaire, son opiniâtreté n'avait pas été poussée jusqu'à mériter qu'on lui refusât les sacrements. J'ajoute que l'Eglise adopte volontiers, en quelque endroit qu'elle le trouve, tout ce qui est bon, utile, beau, parfait.

Pense-t-on d'ailleurs que ces hymnes de Coffin, comme le Bréviaire de Vigier et le Missel de Mézenguy, aient été reçus sans examen ; et peut-on croire que ces hommes, qui devaient attacher tant de prix à faire accepter leurs ouvrages, n'aient pas évité avec soin ce qui les aurait fait repousser ?

(1) Dictionn. mot COFFIN. (2) Inst. Lit. t. 2, p. 300.

Enfin, mettant à part tous ces raisonnements, ce n'est pas de tels ou de tels auteurs que nous recevons nos livres liturgiques : nous les tenons des premiers Pasteurs, qui les sanctionnent, qui s'en font garants, et qui ont caractère et mission pour conduire leurs ouailles dans des pâturages où elles doivent trouver la vie et non la mort.

Dom Guéranger nous dit que « trente ans après » l'apparition du Bréviaire de 1736..., plus de » cinquante Cathédrales s'étaient déclarées pour » l'œuvre de Vigier et de Mézenguy (1). » J'en conclus, et tout homme qui connaît l'attachement des Evêques de France à la foi, ne pourra s'empêcher d'en conclure, que ce Bréviaire, que tant d'Evêques s'empressaient d'adopter, devait non-seulement être exempt d'erreurs, mais encore offrir de grandes beautés.

Aujourd'hui, après plus d'un siècle qu'il est en usage dans tant de diocèses, après qu'il a été si scrupuleusement examiné, jusque-là qu'on y a fait d'abord des corrections, sur lesquelles on est ensuite revenu en rétablissant le texte primitif; après qu'il a été approuvé par tant et de si grands Evêques, n'est-il pas revêtu d'une assez grande autorité, pour regarder comme singulièrement téméraires les blâmes, les cen-

(1) Inst. Lit. t. 2, p. 380.

sures, les qualifications injurieuses que lui prodigue l'Abbé de Solesmes ?

Cet auteur réussira probablement à éblouir quelques esprits par le zèle qu'il affecte pour l'autorité du Saint-Siége. Il est si naturel à des cœurs catholiques d'écouter avec confiance un homme qui se présente comme le vengeur des droits du Vicaire de Jésus-Christ ! Mais nous laisserons-nous encore séduire par ces belles apparences, après la triste expérience que nous avons faite, il n'y a pas bien longtemps ? Avons-nous oublié cet homme qui défendait la Religion Catholique avec tant de zèle et d'éloquence, qui exaltait si haut la puissance du successeur de Pierre, dans le même temps qu'il soulevait le *jeune clergé* contre les Evêques ? Après avoir brillé du plus grand éclat, il est tombé dans un épouvantable abîme. Voulons-nous éviter une semblable illusion ? posons ce principe, il ne nous trompera pas, que quiconque insulte les Evêques, établis par l'Esprit saint pour gouverner l'Eglise, ne peut pas avoir un zèle sincère pour le chef suprême de l'épiscopat. Le Fils de Dieu ne parlait-il qu'à Pierre, ne s'adressait-il pas également aux autres Apôtres, lorsqu'il disait : *Celui qui vous méprise me méprise ?* Si celui qui méprise un Evêque, successeur des Apôtres, méprise Jésus-Christ, à plus forte raison méprise-t-il le Vicaire de Jésus-Christ.

L'auteur que nous combattons croit-il bien relever la gloire du Saint-Siége, en présentant l'Eglise de France comme constamment hostile à l'Eglise Romaine?

Dom Guéranger s'offensera peut-être du principe que nous posons, et plus encore du rapprochement que nous nous permettons entre lui et un homme tristement fameux. Il sera blessé, nous n'en doutons pas, de tout ce que nous avons dit pour montrer combien son ouvrage mérite de blâme. Et nous, nous le disons en toute vérité, ce n'est qu'avec douleur que nous avons rempli une tâche aussi triste. L'Abbé de Solesmes appartient à un institut que nous vénérons; nous respectons la dignité dont il a été revêtu par le souverain Pontife. Comme chrétien et comme prêtre, il est notre frère, et ce n'est qu'avec une forte répugnance que nous nous sommes déterminé à le réfuter. Mais pouvions-nous garder le silence sur un ouvrage dans lequel on s'attache à couvrir d'opprobre l'Eglise de ce beau royaume, à présenter ses Evêques comme des hommes audacieux, fauteurs d'hérésie, hérétiques; dans lequel on les accuse en cent endroits d'être les ennemis opiniâtres du Saint-Siége?

Quelle épouvantable idée les Fidèles des royaumes étrangers, surtout les Fidèles et les Prêtres Romains, ne se formeront-ils pas de l'Eglise de

France, en lisant les pages pleines de fiel, écrites par l'Abbé de Solesmes!

Quel refroidissement, quel éloignement, j'oserai dire quelle haine, son ouvrage ne serait-il pas capable d'inspirer pour le Clergé de France, aux Docteurs, aux personnages les plus éminents de Rome, je dirai même au souverain Pontife, si l'expérience et la sagesse ne les prémunissaient pas contre d'aussi persévérantes et aussi odieuses calomnies! Comment cet auteur n'a-t-il pas redouté cet anathème de l'Esprit saint : *Il y a six choses que Dieu hait;* mais il *déteste* surtout la *septième... Celui qui sème des dissensions entre les frères.* Que faut-il dire de celui qui sème des dissensions entre le Père commun des fidèles et ses enfants; entre l'Eglise Romaine, mère de toutes les Eglises, et l'Eglise de France?

Si l'on accusait une fille bien née, auprès de sa mère, de n'avoir que de la haine et du mépris pour celle qui lui a donné le jour, quelle vive et profonde douleur n'en éprouverait-elle pas? Pourrait-elle ne pas protester de toutes ses forces contre cette indigne calomnie? L'indifférence qu'elle montrerait ne servirait-elle pas à confirmer ces perfides accusations?

Les Evêques de France ne pouvaient donc pas être indifférents aux imputations qui leur sont faites *d'opiniâtre hostilité* envers l'Eglise Romaine. S'ils les ignorent, ou s'ils ne jugent pas digne d'eux de les repousser en corps, l'occasion que j'ai eue d'en prendre connaissance par la lecture des *Institutions Liturgiques*, ne m'a pas permis de me taire; bien certain de n'être pas désavoué dans ce que j'en dis, par mes collègues dans l'Episcopat. Je ne le serai pas davantage quand j'ajouterai que le Clergé de France se réserve, si la Foi venait encore à être persécutée, de confondre ses injustes détracteurs par le même argument irrésistible qu'il opposa à ses ennemis, il y a un demi-siècle, en montant avec courage sur les échafauds.

PIÈCES JUSTIFICATIVES.

N.° I.

PARS AUTUMNALIS.

Feriâ 3.ª hebd. XVI post Pent. Ex Epistola S. Leonis Papæ.
Fer. 4 ejusd. hebd. Ex libro S. Gregorii Papæ.
Fer. 6 ejusd. hebd. Ex Epist. S. Leonis Papæ.
Sabb. ejusd. hebd. Ex Epist. S. Leonis Papæ.
Fer. 4 hebd. XVIII post Pentec. Ex Epist. S. Leonis Papæ.
Fer. 6 hebd. XXIV post Pentec. Ex Epist. S. Leonis Papæ.
Fer. 3 hebd. V quæ superf. post Epiph. Ex Decreto Nicolai Papæ I.
Sabb. ejusd. hebd. Ex Epist. Decretali Bonifacii Papæ VIII.
Dom. VI quæ superf. post Epiph. Ex Epist. Zosimi Papæ.
Fer. 2 ejusd. hebd. Ex Epist. Alexandri Papæ II.
Fer. 4 ejusd. hebd. Ex Epist. Celestini Papæ III.
Fer. 6 ejusd. hebd. Ex Epist. Urbani Papæ III.

PARS HYEMALIS.

Fer. 3 int. hebd. I Adventûs. Ex Epist. Leonis Papæ IV.
Sabb. ejusd. hebd. Ex Epist. Innocentii Papæ I.
Fer. 2 int. hebd. II Adv. Ex Epist. S. Leonis Papæ.
Fer. 2 int. hebd. III Adv. Ex Epist. Gelasii Papæ.
Sabb. ejusd. hebd. Ex Epist. S. Leonis Papæ.
Dom. IV Adv. Ex Epist. Innocentii Papæ I.
Die 7 januarii. Ex Epist. S. Gelasii Papæ.
Fer. 2 Septuag. Ex Decretis Bonifacii Papæ VIII.
Fer. 6 Septuag. Ex Epist. Gelasii Papæ.
Sabb. Septuag. Ex Epist. Innocentii Papæ III.

Dom. Sexag. Ex Epist. S. Leonis Papæ.
Fer. 3. Ex Epist. Gelasii Papæ.
Fer. 5. Ex Epist. Stephani Papæ.

PARS VERNA.

In die sancto Pentec. Ex Epist. S. Leonis Papæ ad universos Episcopos per Siciliam constitutos.
Fer. 5 hebd. Pentec. Ex Epist. S. Innocentii Papæ I.

PARS ÆSTIVA.

Sabb. hebd. III post Pent. Ex Epist. Siricii Papæ.
Fer. 5 hebd. V post Pent. Ex Epist. S. Leonis Papæ.

En tout vingt-neuf canons tirés des écrits des Papes.

N.° II.

L'œuvre de la Providence divine éclate sur nous avec une adorable évidence. Non contente d'avoir forcé la science rebelle à s'incliner devant les livres saints méconnus, et contraint l'histoire à réhabiliter la sainte Eglise calomniée, la main de Dieu intervient directement par la voie des miracles pour remettre en estime et en vénération parmi les hommes, cette vie spirituelle et contemplative pratiquée par les Saints et bafouée par le monde.

Toute l'Allemagne a vu la pieuse fille de Dulmen, cette Catherine Emmerich, dont les provinces Rhénanes révèrent encore le souvenir; et le Tyrol possède aujourd'hui une pauvre fille également pieuse et signalée à l'admiration du monde par les mêmes grâces surnaturelles. Je n'ai pas voulu traverser ce pays sans aller faire mon pèlerinage à Caldern (ou Caldaro près Botzen ou Bolzano), et j'ai eu la consolation de passer huit jours entiers auprès de Marie de Mœrl. — L'extase est devenue chez elle une seconde nature plus forte même que la première ; et si son confesseur n'usait pas de l'autorité spirituelle qu'il exerce sur elle, pour la rappeler à elle quelques heures par jour, elle ne sortirait pas de cet état extraordinaire qui, en ouvrant les yeux de son âme, la prive complètement de l'usage de ses sens extérieurs. C'est durant ces quelques heures qu'on lui fait prendre le peu de nourriture qui lui suffit : quelques grains de raisin, ou bien un ou deux quartiers de pomme, ou bien encore quelque peu de pain chaque jour. Ses extases suivent avec une exactitude admirable la liturgie ecclésiastique, et Dieu permet que son esprit soit assez intimement uni à l'esprit de l'Eglise, pour que les méditations dont elle s'occupe pendant ses extases soient précisément celles de l'Eglise à pareil jour. Elle n'en fait part qu'à son confesseur, mais l'expression de sa physionomie, ses attitudes et ses gestes rendent souvent le sujet qui l'occupe sensible à tous les assistants. Le jour des Rois, par exemple, on la voit à genoux, comme en adoration devant le berceau de l'enfant nouveau-né, et paraissant le bercer dans ses bras. Je cite cet exemple entre mille. Le jour de Pâques (1838), je l'ai vue debout sur son lit, et le touchant à peine de la pointe du pied, le visage radieux, les yeux rayonnants et comme noyés dans l'*extase jubilante*. Mais c'est le vendredi surtout, qu'elle offre un spectacle dont il est impossible de n'être pas touché. L'*extase douloureuse* s'empare d'elle dès le matin, et on peut suivre sur ses traits souffrants et presque décomposés les progrès de la douloureuse passion de N. S. Vers deux heures, ses mains jointes jusqu'alors se séparent avec effort, et l'on peut y distinguer les stigmates sanglants. Puis, à mesure qu'approche l'heure de la mort sur la croix, les symptômes de l'agonie apparaissent avec une effroyable vérité. Tout à coup, dans une dernière convulsion, elle tombe sans mouvement et reste plusieurs heures les bras en croix sans donner aucun signe de vie. Je n'ai pu voir que les stigmates des mains ; mais elle a également la marque des clous aux pieds, et celle du coup de lance au côté. Toutes ces plaies deviennent au même temps sanglantes tous les vendredis.

Vers l'époque où le bruit de cet état extraordinaire se répandit dans le pays, il arriva un jour, que sans s'être donné rendez-vous et sans s'être entendus pour cela, un grand nombre de paroisses du Tyrol arrivèrent à Caldern, croix et bannière en tête, pour constater les grâces dont Dieu favorisait cette humble fille : on estime à 40,000, je crois, le nombre des visiteurs, et l'enquête judiciaire, qui fut faite à cette occasion par les autorités autrichiennes et par l'autorité religieuse, attribuent ce mouvement spontané à une inspiration de l'esprit qui agit dans Marie de Mœrl. Il y a environ dix ou douze ans que cette enquête a été faite. Marie de Mœrl est née en avril 1812, à Caldern, Tyrol autrichien, diocèse de Trente.

Le C.te ALBERT DE RESSÉGUIER.

N.° III.

Réponse de M. le Docteur Reverdit, *à M. le Docteur N., de Toulon.*

Élevé comme vous, toujours dans le monde, et quelques années dans les camps, nourri de ces rapports intellectuels et quotidiens qui nous font vivre et marcher avec le siècle, j'ai été comme vous aussi peu disposé, dès le principe, à ajouter une foi, je ne dirai pas aveugle, mais même trop prompte ou trop facile à tout ce qui se rattache à l'état de M.me Miollis, lorsque j'ai eu à m'occuper de son état, il y a déjà plus d'un an. Je ne l'ai donc abordée, ou plutôt étudiée, qu'armé de cet esprit de doute que Descartes appelle *philosophique*, et que Mallebranche a placé sur le seuil du temple de la Vérité. Ayant à voir, non-seulement pour moi, mais encore pour d'autres, j'ai voulu, dès le premier moment, prendre une position franche, libre, dégagée de toute influence comme de toute présomption, tant sous le rapport médical que sous le rapport moral et religieux. Je l'ai fait. J'ai voulu d'abord m'assurer qu'il n'y avait, dans le cas qui nous occupe, aucun esprit d'intrigue, d'intérêt, de calcul, de coterie, pour me servir de votre expression, de jonglerie, d'hypocrisie; fléaux déplorables d'une religion qui ne repose que sur la vérité, et ne redoute point les rayons d'une lumière qui est son premier élément. Éloigné du mysticisme de quelques hommes qui ne sont plus de ce siècle, de cette foi robuste et quelquefois aveugle dont l'Espagne a si longtemps subi le reproche; autant que de cette hypocrite crédulité qui a cessé de peser sur l'Italie, j'ai, le mieux qu'il m'a été possible, vu, revu, réfléchi, examiné, éprouvé, observé. Et quand, après un examen répété, réfléchi, approfondi, j'ai été au bout de ma science comme homme de l'art, et dans une conviction forcée comme homme de foi, je ne me suis point encore arrêté là. Ce que mes yeux avaient vu, ceux de quarante et cinquante personnes l'ont encore vu. J'ai revu dans des temps, des jours, des lieux, des circonstances variées, seul, accompagné, avec des membres du clergé, des avocats, des militaires, des magistrats, des hommes comme des femmes; et enfin, pour n'être jamais lié, engagé moi-même par telle ou telle conviction précédemment énoncée, je me suis alors constitué auprès de M.me Miollis, comme le champion de l'incrédulité, comme le représentant momentané auprès d'elle des idées que la dernière moitié du dix-huitième siècle, et la première partie du dix-neuvième ont répandues sur l'horizon de l'intelligence : cette position m'a amené bien des fois à lui faire des excuses de telle et telle recherche où l'homme de l'art ou du siècle semblait être si diamétralement en opposition avec l'homme de foi ou de religion.

De ce point de vue bien établi, Monsieur, et d'observations dégagées de toutes préoccupations, comme de toute exaltation d'idées favorables ou contraires à M.me Miollis, il résulte qu'il est bien certain et bien démontré pour moi :

1.° Que M.me Miollis est affectée d'une gastro-duodéno-hépatite chronique avec squirrhe du pylore, datant déjà de quatorze ans d'existence.

2.° Qu'aux symptômes directs et sympathiques qui se rattachent à cet état pathologique, il s'en associe, ou s'en substitue souvent chez elle d'autres dont l'art ne peut rendre raison, ou que la science ne peut expliquer.

3.° Que parmi ces derniers, il faut signaler des stigmates fréquents à la paume des mains, moins fréquents sur la poitrine, plus rares au dos des pieds et autour de la tête; mais que, comme d'autres personnes désintéressées, j'ai vus et revus sur chacun de ces points.

4.° Que le flux de sang ou hémorragique a lieu tantôt avec dénudation, tantôt sans dénudation de la peau, c'est le plus fréquent, et dans lequel il ne reste aucune trace sur le système cutané; qu'il conserve toujours à la poitrine, sur la partie moyenne du sternum, la forme d'une croix; qu'il a offert le vendredi saint de ce dernier carême, à dix-sept personnes qui l'ont vu comme moi, la forme d'une escarre à la paume des mains, et une dénudation vive au dos des pieds.

5.° Qu'il est toujours autour de la tête sous forme de gouttelettes; que la phlyctène pemphigoïde ou sous forme de cloche, produite comme par une brûlure sur la région précordiale, précédée de douleurs intérieures et vives au cœur, s'est développée plusieurs fois et dans des circonstances où bien sûrement aucun rubéfiant, aucun vésicant n'avait été appliqué, et où aucune autre phlyctène n'existait sur le reste de la surface cutanée.

6.° Que les stigmates, avec transsudation ou exhalation de sang, ont été produits sous mes yeux, sans qu'aucune cause appréciable ait pu en expliquer la production, soit piqûre, pression, etc.; qu'ils se sont manifestés indifféremment, avant, pendant, après la période menstruelle, sans paraître éprouver aucune influence des médicaments ou du régime prescrits, de l'état morbide habituel, et des rémissions ou des recrudescences de celui-ci.

7.° Que, bien distincts des symptômes de l'affection matérielle ou organique existante, les symptômes surnaturels ou extraordinaires se manifestent suivant les jours, soit de fête ou de dévotion, et suivant les heures de prière, de méditation, sans aucune régularité, et sans que la volonté paraisse y avoir d'autre part que par le recueillement fervent qui accompagne l'oraison. Que ces faits n'ont rien, je ne dis pas d'identique, mais même d'analogue dans l'histoire des cas rares en médecine; que l'on ne peut les imputer à une impression morale vive, puisque celle-ci ne paraît jamais occasionner simultanément des écoulements de sang sur cinq ou six points distincts et opposés, surtout quand dans ce flux de sang il faut reconnaître non-seulement le flux hémorragique, mais encore la forme cruciale sur la poitrine, et celle d'une couronne sur la tête. Or, si physiologiquement on ne peut expliquer ce fait, comment se rendrait-on raison d'une autre forme bien plus extraordinaire, bien moins imputable encore à cette impression morale, celle de l'escarre qui s'est montrée, soit à la paume de la main, soit sur le dos des pieds, comme résultant de l'empreinte d'un clou.

8.° Qu'il est bien vrai qu'une cessation extraordinaire de symptômes graves et d'un vomissement qui avait résisté à tous les moyens de l'art, a eu lieu sous mes yeux à l'instant même de l'administration d'une communion, à laquelle je souscrivis par la confiance que m'inspirait la malade, tout en m'entourant comme médecin de tout ce qui pouvait conjurer quelques minutes un vomissement immédiat, qui était une forte contre-indication; que rien ne fut donné que sous mes yeux, et que j'avouai que l'art n'avait rien à revendiquer dans cette disparition instantanée de tout ce qui constituait l'état maladif.

9.° Que bien loin d'aimer à se donner en spectacle ou à courir après une espèce de célébrité, M.me Miollis, profondément contrariée quand son confesseur ou directeur exige qu'elle montre ou fasse connaître les choses extraordinaires qui se manifestent chez elle, l'évite tant qu'elle peut, en gémit bien souvent, et n'y souscrit que par obéissance ou pour la gloire de celui qui la marque de ses stigmates. Que ce sont ces considérations qui font que les personnes qui désirent voir quelque chose, quand il s'en manifeste, sont obligées de s'adresser ordinairement à son confesseur, sans l'ordre duquel elle a toujours paru désirer tout taire ou cacher au lieu de chercher à le produire; et que ce sont ces sentiments qui lui ont fait celer son état longtemps à son mari, à son médecin ordinaire, et à tout le monde hormis à son directeur, homme qui est trop au-dessus du soupçon de cette ambition du clergé dont vous parlez, pour que je ne doive pas descendre à le justifier.

10.° Enfin, croyant devoir m'arrêter à ce qui est physique, palpable ou de preuve certaine, je ne veux point entrer dans le champ de ce qui est immatériel, révélé, plus ou moins contestable, imputable à des hallucinations, etc. Mais pouvant et devant garantir en honneur et conscience les faits ci-dessus énoncés sommairement, je n'ai fait que remplir un devoir, en attestant leur authenticité avec toute la force d'une conviction profonde, d'un jugement réfléchi, d'une piété non superstitieuse, et d'un esprit philosophique, indépendant et éprouvé. J'ai soumis M.me Miollis à un régime sévère; j'ai employé les sédatifs, les révulsifs, les astringents, les topiques comme des moyens généraux, et toute la cohorte des médicaments conseillés dans les lésions du foie, du ventricule, des intestins, dont au reste d'autres médecins avaient déjà passé un certain nombre en revue, soit à Marseille, soit à Villecrose, avant le commencement des stigmates, qui datent de trois ou quatre ans. Je n'ai, comme on devait s'y attendre, jamais obtenu que des rémissions plus ou moins longues, et plus ou moins prononcées dans l'affection morbide ; mais je n'ai jamais vu un médicament quelconque exercer la moindre influence sur le phénomène ci-dessus énoncé.

Je n'ai pas été témoin de la guérison subite de M.me Miollis à Villecrose : seulement elle m'a été racontée, comme il paraît par votre lettre qu'elle l'a été ailleurs, par une personne digne de foi ; toutefois sans qu'on énonçât que M.me Miollis avait été se promener le lendemain de sa guérison, ce qui n'est pas. Ce fait, au reste, Monsieur, n'était point de nature à m'étonner, mais seulement à conforter mon opinion, vu que j'avais été moi-même témoin de quelque chose de plus merveilleux et de plus frappant. Mais je le répète, Monsieur, restant dans les faits matériels et incontestables, je crois avoir répondu à toutes vos demandes avec franchise, précision et clarté. Je souhaite vivement n'avoir rien laissé à désirer. Simple narrateur, il n'est rien là qui puisse m'appartenir, hors ce qui serait d'un récit incomplet ou imparfait, mais au moins vrai et sincère. Sans m'enquérir des desseins de la Providence dans la production de ces faits, je me suis borné à les observer, à les constater. Je n'ai point demandé compte à Dieu de ses œuvres ; je ne crois pas que l'homme en ait le droit, pas plus que celui de lui demander des miracles ; mais quand il en a sous les yeux, il serait bien malheureux s'il fermait ces mêmes yeux pour ne pas les voir, et bien lâche s'il n'osait les attester. Si le monde physique marche, si le monde intellectuel est en progrès incessant, le monde spirituel peut fort bien ne pas être seul condamné à une immobilité absolue. Marchons donc dans cette triple série de progrès, Monsieur, et croyez que je suis heureux d'en trouver un nouveau motif dans votre lettre, autant que dans les sentiments avec lesquels je suis parfaitement votre dévoué confrère.

TABLE.

FIN.

www.ingramcontent.com/pod-product-compliance
Ingram Content Group UK Ltd.
Pitfield, Milton Keynes, MK11 3LW, UK
UKHW022059190726
13855UKWH00002B/550